サッカー静岡事始め

静岡師範、浜松師範、志太中、静岡中、浜松一中…

静岡新聞社編

静新新書
001

はじめに

　静岡県のサッカー史は、大正八年（１９１９年）の静岡師範学校蹴球部創設を始まりとする。英国生まれのサッカーが日本に伝わったのは明治六年。東京・築地の海軍兵学寮に招請した英国軍人ダグラス少佐らが日本人に教えたという。これが「異人さんの蹴鞠」と映り、明治後期には野球、庭球にならって「蹴球」と書くようになった。

　それをサッカーと言い始めたのは大正時代になってからのこと。サッカーがいつごろ静岡県に入ったかは必ずしもはっきりしないが、静岡師範の蹴球部誕生は明治六年から実に四十六年も後のことだった。そこから数えて平成二十一年（２００９年）は静岡のサッカー史九十周年となる。

　ボールを蹴ってやみくもに突進する初歩的なサッカーが、ルールを知り、体力と知力を振り絞って高度なゲームを展開するまでの九十年だし、今もまだ進化の途上なのだろう。静岡県のサッカーは、旧制中学や高等学校などの学校サッカーを中心に発展し大きな成果を挙げた戦前の実績を基礎にして、戦後は「サッカー王国静岡」が大きく開花した。さらに時代は昭和から平成へと移り、国内的にはJリーグの誕生、袋井市のエコパも会場となり静岡県民が熱狂したW杯の開催などでますます発展、静岡サッカーもそれと歩みを共にした。

多くのJリーガーを生み、高校サッカー部のチーム数も全国トップレベルの静岡県だが、それでも今、「サッカー王国静岡」にかつての勢いがないと嘆く人が多い。正月の高校サッカーや国体、インターハイなどの結果がそう思わせるのだろう。なぜそうなったのか。何が足りないのか。その解答を探す一助になるのではないかと考え、大正八年のサッカー静岡事始めから終戦直後までの静岡県サッカー史をあらためてたどってみた。

本書は静岡新聞が昭和五十三年に連載した「サッカー王国静岡〜その六十年の歩み」のうち草創期から終戦直後までを中心に再構成した。登場人物の発言や記録は掲載当時に取材したものである。そこからは幾多の苦難を味わいながらもサッカーに情熱を燃やし続けた先人たちの熱い思いが伝わってくる。

目　次

目　次

第一章　静岡師範　県内初の蹴球部

大正期に「サッカー王国」の基礎

静岡県におけるサッカーは、東京高等師範（現筑波大）の卒業生によって普及されたといわれる。その時期は大正の初期から中期ごろで、静岡師範、浜松師範（ともに現静岡大）などの体育授業の延長として、同好の士によって次第に広がっていった。静岡県は長く「サッカー王国」の座に君臨してきたが、その基礎は大正時代に築かれたといっても過言ではない。

静岡県内の各中等学校に先駆けてサッカー部を創設したのは静岡師範で、大正八年のことだった。静岡大教育学部の同窓会が、昭和四十年に創立九十周年を記念して出版した同窓会記念誌の中で、卒業生の遠藤鋭夫氏（大正十二年卒、元静岡市立青葉小校長）は「大正八年、奈良師範の生徒たちが修学旅行で静岡に来た時、サッカーの試合を申し込まれた。当時、彼らは蹴球靴だったが、静岡師範は体操靴。ルールもあまり知らず、惨敗してしまった。しかし、大正九年、広島高師（現広島大）のサッカー部主将を務めた鈴木文夫先生（国語担当）、東京高師で主将を経験した北村（旧姓藤井）春吉先生が赴任。その秋の全国中等学校蹴球大会では、初出場にもかかわらず二回戦まで勝ち進んだ」と述懐している。

北村氏は同六年の極東オリンピック大会（東京）に出場したことのある名選手で、大阪女子短大にも勤務した。大正年代に活躍したのは菅沼忠男、加藤二郎（大正九年卒）、芹沢悦郎、片田（旧姓長谷川）豊、芹沢（旧姓杉山）道衛（同十年卒）、加藤暉海、佐藤衛（同十一年卒）、小花不二夫、半場義郎（同十二年卒）、小長谷（旧姓徳田）亮策（同十五年卒）の諸氏だ。

小花氏は、静岡県蹴球協会事務局長を歴任した小花公生氏の実父で、一年生からＧＫを務めた。卒業後、興津小をはじめ旧静岡、清水市内の学校に勤務したが、休日を利用して母校の後輩に手取り足取りのコーチを続けた。その徹底した指導ぶりは定評があった。興津小時代、校長には内緒で授業を一時間切り上げて子供たちを帰し、母校で行われたサッカー大会の応援をしたことが校長に知れてひどく叱責された、という逸話が残っている。

昭和五十一年一月、急性肺炎により七十三歳で亡くなったが、長男の公生氏は「父は多くを語らなかったが、とにかくサッカーの虫だった。師範時代は、学校の近くにドイツ人の捕虜が収容されていて、その人からサッカーを教えてもらったと話していた」という。

また、半場氏はＨＢを務めた人で、昭和五十一年まで県立吉原高校で教鞭をとった。小長谷氏は静岡市鎌田の出身で、キヤノン商事に勤務するかたわら日本蹴球協会とも縁が切れなかった。

大正九年、静岡師範に奉職した北村氏は「赴任してみると、運動場の真ん中に楠の大木が立っていたので、用務員に頼んで切り倒したところ、高部勝太郎という舎監長にひどくしかられたことがあった。蹴球部は健全な運動部を目指していたので、当時は組長クラスの者でないと入部させなかった。このころの審判はオフサイドの反則は取らなかったし、ヘディングは頭が悪くなるというので敬遠される時代だった。ルールも徹底していなかったから、部員にルールを研究させるのが大切な仕事の一つだった」と、当時を回想している。

埼玉と宿命の対決

このころの蹴球部員たちにとって、学校側からの資金援助はほとんどないに等しかった。だからユニホームの作製費用、遠征試合の交通費などは部員が自費でまかなった。今、各高校のサッカー部に後援会や父母の会が組織され、物心両面のバックアップが受けられるのは夢のような話だ。

創部当時のユニホームは、上着が白の半袖シャツで左胸に「ＳＮＦ」＝シズオカ・ノーマ

静岡師範にサッカー部が創設されたころの練習風景。当時としては粋なユニホーム姿だった

ル・フットボール部の略称＝のマークが入っていて、パンツは黒。そのころのユニホームとしては粋なものだった。また、スパイクは革靴が普及し始めたばかりで、まだ着用している選手はごく僅かだった。旧制静岡中（現静岡高）との練習試合を開始したのもこの大正九年からである。

翌十年二月十一日の紀元節（建国記念の日）を期して行われた関東中等学校蹴球大会に参加した静岡師範は、初戦で独乙協会中学と対戦した。会場は東京の日比谷公園で、観覧席はなかった。ただ、蹴球熱はかなり沸騰し、グラウンドの周囲を三、四千人の観客が取り巻いて盛んな声援を送った。

対独乙協会中学戦の結果は、0－0の引き分けに終わった。しかし、当時の勝敗決定法は今とは大違いで、同点の場合は味方のコーナーキック数と相手のゴールキック数を加算し、これを比較して勝敗を決める方法が採用された。したがってＰＫ戦は行われなかった。静岡師範はこの試合で相手よりキック数が多かったため、辛勝した形になり二回戦に進んだ。

当時、ＧＫを務めた小花氏は「最近は得点を防ぐにはコーナーキックに持ち込むなどの手段を取るが、そのころは得点を防ぐのと同じくらいコーナーキック、ゴールキックを相手に与えないよう注意した。特に独協中との対戦は泥の中での試合となり、相手のシュートがゴール前で再三止まった。ヤレヤレと思ったことが何回もあり、今もその様子が目に焼き付いている」（昭和三十八年刊の静岡県体育史）と述べている。初戦で勝ったとの報が伝わると、紀元節式典に参列した母校教職員は感激し、早速激励電報を打った―とも言っている。参加賞として受け取った手ぬぐいと銅の文鎮は小花家にとって良き記念品となった。

好指導者に恵まれた静岡師範は、同十二年の大会で強敵を向こうに回して準決勝まで進んだ。準決勝の相手は埼玉師範（現埼玉大）だった。この試合に勝てば夢にまで見た決勝進出だ。静岡勢と埼玉勢との宿命の対決は、既にこのころから始まったのである。だが、結果は埼玉師範に惜敗した。記録は残っていないがスコアは１－２といわれている。

同年の大会で、前週の一、二回戦を勝ち進んだ静岡師範は、次週の準決勝への準備の矢先、経済的な理由で参加を拒んだ教官側と運動部とに対立が生じた。結局、各運動部の基金をバックに教官を説き伏せて辛うじて不戦敗を免れた、という。

静岡師範は当時、現在の静岡大付属静岡中学の敷地内にあり、ほとんどの生徒は校内の寄宿舎に入らなければならなかった。また、生徒はいずれかのクラブ活動に入部しなければならない規則も定められていた。そして大正十四年十月には創立五十周年の記念式典も行っている。

巡洋艦に乗った英国チームに善戦

昭和に入ってからも、静岡師範のサッカー熱はますます過熱していった。当時、イレブンたちの間ではサッカーのことを「アソシエーション式フットボール」、略してア式蹴球と呼んでいた。

昭和四年の秋。ミカンがすっかり色づいたころに一隻の英国巡洋艦が清水港に立ち寄った。停泊したのは東洋艦隊所属の「クロンウォール号」で、乗組員の中に英国本土の実業団一部リーグに所属している東洋遠征蹴球団チームがいた。彼らはア式蹴球の普及と、同盟国との親善を兼ねて日本各地を転戦していた。特に当時〝サッカー御三家〟と言われた兵庫、広島、

クロンウォール号乗組員との親善試合記念撮影。中列左から４人目が西山校長、右隣は英巡洋艦艦長

東京などに上陸して親善試合を行っていたが、その規模と実力は本場仕込みだけに、「日本国内に敵なし」という状況だった。その東洋遠征蹴球団が静岡師範に試合を申し込んできたのである。

当時、静岡県のア式蹴球といえば初級段階のころで、やっと静岡中、志太中（現藤枝東高）、浜松一中（現浜松北高）などの中等学校と、旧制静岡高（現静岡大）、浜松高工（現同大工学部）などの高等学校でやっている程度で、今の県リーグのようなものもなく、静岡師範を最強の相手として選んできたわけだ。試合会場となるのは同校グラウンド。この話が学校側に伝わるや、スポーツ好きの当時の西山績校長を大喜びさせた。

遠征蹴球団の通訳には松本教頭、英語担当の石上教諭があたり、主将を務めていた五年生の野原龍雄氏（元静岡市立東中校長）に試合方法などが伝達された。親善試合にはOBも参加してよいということだったので、専攻科に在籍していた石田英氏らも加わった。現役の出場メンバーは野原主将をはじめ大塚徳次（五年）、西原（旧姓佐野）常雄、大沢義治、藁科（旧姓木内）順一、菊池尊、佐藤昇三（以上四年）、匂坂明正、杉田忠勇（以上三年）、植松直（二年）の各氏などであった。

試合は前半、英国チームのペースで進んだ。両軍チームの身長を比べるとかなりの差があり、空中戦はほとんど問題にならず、前半を終わって0－2とリードを許した。だが、静岡師範も簡単には引き下がらない。静岡県代表の面目にかけて頑張り、後半早々にFW大沢氏がゴールを決めて1点差に迫った。しかし、技術的に勝る英国チームはその直後に決定的な1点を追加、結局1－3で惜敗した。

試合後、同校図書館でレセプションを開催した。席上、大沢氏が超一流の相手バックス陣を抜いて得点したことや、石田氏がスライディングタックルした際の右手骨折というけがにもめげずフル出場した大和魂は英国チームから称賛された。ちなみに石田氏は試合後に入院して二カ月間も治療した。また、強敵を相手にゴールを死守したGK匂坂氏の超ファインプレーなども感嘆の的となった。

静岡師範の善戦に感激した英国チームは清水出港の際、デッキでいつまでも手を振って別れを惜しんだという。しかし、皮肉なことにクロンウォール号は昭和十六年十二月、太平洋戦争の激戦の中で、日本軍の爆撃によってシンガポール沖で沈没された悲しい記録が残っている。

そして戦争が激しさを増すにつれ、サッカー、野球、ラグビーなどは〝敵性スポーツ〟の名のもとに禁止の憂き目を見て、これに代わって剣道、柔道などの〝国防競技〟が盛んになってくるのである。

第二章　志太中・藤枝東高　創立時からの校技

初代校長の大英断

高校サッカーの名門「藤枝東」の球史は極めて特異な出発点を持っている。それは大正十三年の学校創立（志太中）当初から、サッカーを「校技」と定めていたからである。静岡県内に学校多しといっても、サッカーを校技にしてきたところはほかに見当たらない。

その校技は戦前、戦後を通じて順調に伸び、やがて高校サッカー三冠王に輝くなど全国の頂点に立つのだが、こうした栄光のサッカー史をひも解く前に、特異な出発点をつくった一人の教育者に触れないわけにはいかない。

志太中初代校長の
錦織兵三郎氏

その人は錦織兵三郎校長（宮城県出身）。「運動競技の目的は体育の振興と精神作興の二方面である。時間浪費が少なく、比較的短時間にその目的を達成するものが望ましいので当時行われていた競技、庭球、野球の長短を厳に考慮したうえ、特に精神作興をバックとしながら運動量、男性的進取の気性、連帯共同性および未発達競技の将来性への期待からサッカーを校技として奨励した」。「静岡県教育史」によると、錦織氏はまだマイナー競技だったサッカーを校技とした理由をこう述べている。

その校技は実際にはこんな具合に行われた。まず、入学と同時に全生徒にサッカー靴（まだシューズとは言い難い代物）を作らせて、通学にもはかせた。各クラスにはサッカーボールを一個ずつ配り、昼休みには自由に蹴らせて、年一、二回クラス対抗大会も開いた。これは後にサッカー部ができてからのことだが、剣道部とともに部員を生徒の中から優先的に選抜できる〝特権〟も与えられた。

独断的ともいえる奨励の仕方はまだある。「野球とサッカーを一緒にやると両方とも駄目になるおそれがある」と野球をグラウンドから締め出した。こうした野球迫害は野球好きな有力者らの反感を買い、後々、錦織校長転任の原因ともなった。

錦織校長のこうしたやり方は今ではとうてい通用しないが、当時は校長の権限も大きく、周囲の雑音をある程度抑えることができた、という。その手法に賛否はあるかもしれないが、信念に燃えた教育者錦織氏が志太平野にサッカーのタネをまかなかったら、その後の名門藤枝東があり得たかどうか。同校にとって初代校長の存在が大きかったことだけは間違いない。

その錦織氏は、山口秀三郎氏を浜松師範から引き抜き、サッカーの指導に当たらせた。生徒らは若い山口氏の下でサッカーへの目を次第に開き、開校間もないグラウンドの草むしりや石拾いをしながら練習に打ち込んだ。

大正十四年、まだ蹴球部もなかったが、旧制静岡高主催の県下中等学校大会に一、二年生二百人の中から二十二人を選んで出場した。一回戦、浜松一中を2－1で破り、二回戦で浜松師範に0－6の大敗を喫したが、初めての対外試合に勝った喜びを青野頴一氏は学友会誌第一号に「うれしかった。全くうれしかった。全校こぞって勝利を喜んだのである」と記している。

その青野氏と、同じ一回生でGKとして活躍した鈴木六郎氏の二人はこもごも当時の校技をこう振り返っている。「校庭には背より高い草が生え、石がゴロゴロしていたので、整備をするのが先決だった。孟宗竹でゴールを作り、練習試合をやったりしたが、正確なルールを覚えたのは遅かった。当時はキーパーチャージの反則も取られなかったから、FWの選手がゴールめがけてなだれ込み、GKはけがが絶えなかった」。

念願の初タイトルに狂喜

サッカーを校技とした志太中にサッカー部が誕生したのは学校創立二年後の大正十五年四月のことだった。そのころ、静岡県内の学校では静岡師範、浜松師範、浜松高工、静岡高、静岡中、浜松一中などにサッカー部ができていた。

浜松高工、静岡高、八高（現名古屋大）などが主催する中等学校サッカー大会には志太中も必勝の意気込みで臨んだ。対外試合の初陣は創部直前の同年二月の静岡高大会で、既に述べたように一回戦は浜松一中を破ったものの、二回戦で浜松師範に大量6点を許す完敗を喫した。次の浜松高工大会も一回戦不戦勝のあと、二回戦は静岡中に0－1で負け、続く八高大会も一回戦であえなく敗退。さらに二回目の静岡高大会でも一回戦敗退という具合で、悲しいかな〝一回戦ボーイ〟の域を出なかった。

この当時、石コロだらけの荒涼としたグラウンドに〝熱い汗〟を流しながら練習に励んだのは主将の青野顯一、GK鈴木六郎氏のほか内田福治、仲安亮次、興津保、片山（旧姓大石）甲子男、佐塚力（以上一回生）、槇原徳治＝元静岡大教授、静岡県サッカー協会第三代理事長＝、原崎敏雄、原木敏雄、池谷勲、増田茂、藁科広、曽根慰太郎（以上二回生）の各

昭和３年、東海近県中等学校蹴球大会に優勝したころの志太中イレブン

氏らだ。栄光ある藤枝東高サッカー部の礎を築いた人たちの思い出をたどってみると、草創期のサッカー像がほのかに浮かび上がってくる。

内田氏は「足は学校でも一番速いほうだったので、最初はＣＦをやり最後はＦＢに回った。初めのころはボールを扱うのがやっとだった」と振り返り、池谷氏は「今考えてみると、山口秀三郎部長もサッカーを知っているという程度の人だった。このため、東京文理大や慶応大からコーチを招いて練習したようだ。このコーチは錦織校長の世話だったと思う」と話した。その池谷氏は浜松高工進学後、全国高工サッカー大会三連勝の幸運に恵まれた。

静岡高、東大と進んだ片山氏によると「四年で卒業したから、対外試合で勝った記憶は一回しかない。師範学校には高等科を終えた生徒が多かったこともあって体力負けしたような気がする」という。三回生の吉田（旧姓山下）茂氏は「部員はもちろん、全校生徒がサッカーだけに打ち込んだということが忘れられない」と青春の日々を懐かしんだ。

出ると負けだった志太中のサッカーは第一回生が卒業するころになると、かなりの力をつけていた。昭和三年十一月には愛知県の刈谷蹴球団主催の東海近県中等学校蹴球大会に出場し一回戦不戦勝、二回戦で名古屋商を2－0と撃破、準決勝は熱田中に2－1の逆転勝ち。勢いに乗って決勝戦でも1－0で五中を破り、念願の初タイトルを手中に収めた。

「勝った。嬉《うれ》しかった。優勝杯を授与されるときは唯夢のようだった。全く夢ではないかと思った。唯嬉しうて嬉しうて喜び以外には何物もなかった」という青野主将の学友会誌第一号の文章が選手らの狂喜ぶりをよく伝えている。

着々と県内覇者の座

昭和三年十一月、志太中イレブンは一カ月に二度優勝の栄誉に酔う。一回目は前に記した東海近県大会。二回目は静岡高主催の県下中等学校大会である。一回戦は遠江商（現袋井商高）を12－0の大差で破り、続く二回戦も3－0で浜松師範を撃破、決勝戦は対静岡師範。グラウンドには三、四百人の志太中応援団が詰め掛け、盛んな声援を送った。前半、志太中

静岡高主催の県下中等学校大会で優勝した志太中イレブン

はPKを得て槇原徳治選手がこれを決めて先行、その後同点に追いつかれたが、後半に再びPKを得る幸運に恵まれて静岡師範を2－1で振り切った。
翌四年、主力は二回生に移る。この年、庵原中（現清水東高）、東京高師、静岡師範、浜松一中などと練習試合を行って実戦経験を積んだ。
このころの志太中のユニホームは上着がスクールカラーのフジ色で、下は白のパンツ、ソックスには赤地に白い線が入っていた。当時のいでたちは各校さまざまで、対戦した旧制高校の中にはハチ巻き姿でゲームをした者もいた、という。
八月、浜松高工主催の第五回全国中等学校大会に臨んだ。出場は十五校。静岡県からは静岡中、静岡師範、浜松師範、浜松一中、遠江商などが出場した。一回戦は5－0で明倫中（愛知）に快勝、二回戦も3－0で遠江商を破った。準決勝は強敵静岡師範。前半0－0のあと、後半開始直後に1点を取られて決勝進出を阻まれた。

そして三カ月後、静岡高主催の中等学校大会（八校出場）に出た。一回戦の相手は庵原中。12－0と一方的に押しまくり大差で勝利。準決勝は浜松師範との対戦だった。選手らは必勝を期し、午前六時に起床して近くの浅間神社に参拝した。新星志太中イレブンの緊張ぶりが想像できる。試合は前半が共に無得点。後半に入って志太中がリズムに乗り、たて続けに3点を取って決勝に駒を進めた。

静岡中との決勝戦は二時間後にキックオフ。前半3分、塚本圭介選手のドリブルシュートで先制、その直後にも再び塚本選手が蹴り込んで2－0とした。しかし、静岡中も前半1点、後半17分にも1点を返してタイに追いついた。そして、時間制限なしの延長戦に突入。槇原主将は後半、故障から立っては倒れ、立ち上がっては走るというファイトを見せたが、延長戦はついに出場できず苦しい戦いとなった。しかし、開始7分に決勝の1点をもぎ取りついに勝利、二年連続優勝の夢を実現した。

槇原主将は卒業後、東京高師へ進み、ここでもサッカー部選手として活躍した。戦後、静岡大に奉職して教鞭をとるかたわら、昭和三十七年から六年間、静岡県サッカー協会の第三代理事長を務めるなどサッカーの発展のために大変尽くしたが、四十九年五月に六十二歳で亡くなった。

この槇原氏らの後輩で一、二年生当時からレギュラーとして活躍した選手に前述の塚本、笹野積次（以上四回生）、松永行（五回生）の各氏らがいる。FWの塚本氏は早稲田大へ進み、少しの間だけサッカーを続けたという。CHで実力を発揮した笹野氏も早大に進学し、すぐにレギュラーになった。最終学年では主将も務めている。一年後輩の松永氏も後を追うように早大へ入った。当時の早大は大学サッカーリーグの王者で、笹野氏によると「早慶戦には一万人も入った」というから、若いサッカー選手には憧れの的であっただろう。

笹野氏と松永氏は後に昭和十一年のベルリン五輪代表に選ばれて大活躍するが、これら主力選手が十分に実力を蓄えた昭和六年、志太中はついに全国大会で初優勝を飾る。この〝日本一〟をきっかけにして、校内の、そして地元のサッカー熱はいやがうえにもヒートアップしていく。

初出場で全国制覇

真夏の炎天下、志太中イレブンは合宿練習を行い、特訓に明け暮れた。東京文理大主催の

昭和6年、全国中等学校大会に優勝した志太中イレブン

全国中等学校蹴球大会を目指していた昭和六年八月のことである。東海近県中等学校大会や静岡高主催の県下中等学校大会に優勝した力が果たしてどこまで通じるか、イレブンは期待と不安を胸に秘めながら同月二十三日、東京に向かった。その鉄路の先に激戦に次ぐ激戦が待ち受けているのだが、車中のイレブンは知る由もなかった。

大会には全国から三十余の学校が集まった。志太中は一回戦不戦勝のあと二十六日、二回戦で本郷中と対戦し4－0で快勝した。翌日の三回戦も浅野中（神奈川）を5－0で破り、準々決勝は水海道中との対戦となった。

「水海道は強敵だ」―。志太中をコーチしたこともある東京文理大の河本主将が選手たちにこうハッパを掛けたそうだが、結果は7－1の大差で勝利。この試合、松永行氏（四年）はなんと5点を挙げ、名ストライカーの名をほしいままにした。

準決勝は対五中。前半1－2とリードを許したが、後半10分、加藤（旧姓田中）朗氏がシュートを決めて追いついた。延長戦に入って笹野積次氏が決勝シュートを蹴り込み、志太中は初出場でついに決勝戦に駒を進めた。準決勝を終えたイレブンは決勝戦の試合場、神宮外苑を訪れ、「ついにここまできた」と感激に浸りながら宿舎へ戻った。

翌日の決勝戦の相手は湘南中。志太中は主将の原崎氏を中心に塚本圭介氏、松永氏らのFWが総力をあげて突進し、再三ゴールを強襲したが、湘南中も必死で守り前後半とも0－0。二回の延長戦でも両チーム得点なく、翌日に延期されることになった。

再び本郷中に会場を移して行われた決勝戦再試合は三十一日午後三時のキックオフ。湘南中は前半終了間際、巧みなショートパスから志太中のゴールを割って先制した。しかし、志太中は後半に入ると恐るべき粘りを発揮し、ついに延長戦に持ち込んだ。まず後半、RI（右インナー）福井がゴールを決めて1－1。延長戦に入ると間もなく、ゴール前の混戦から松永がボールを拾って笹野にパス、笹野のクリーンシュートが感激の決勝点となった。この瞬間、藤枝を出発するときには思いもかけなかった全国制覇がなったのである。この試合には同年から豆陽中（現下田北高）に転任になっていた錦織兵三郎初代校長も応援に駆けつけていた。錦織氏にとってもこの優勝は選手以上の感激だったに違いない。

実は志太中の全国制覇には一つの裏話がある。予想以上に勝ち進み決勝も再試合となったこの時、チームの台所は火の車だった。この年に山口秀三郎部長から引き継いだばかりの小宮山宏新部長（元川根高校長）らもこれには頭を痛めた。学校には金がない。在校生や先輩から金をかき集めて、ようやく急場をしのいだという。しっかりしたサッカー後援会がある現在では考えられないことだった。

イレブンが藤枝へ帰ってみると、思いもかけなかった光景が待ち構えていた。駅には提灯を持った無数の市民が出迎えたのである。塚本氏は「とにかく町は大変な騒ぎで、選手はユニホーム姿で藤枝駅から学校まで行進した。この大会の優勝がそれから全国的に活躍する大きなバネになったような気がする」と語っている。

決勝で全国連覇の夢破れる

昭和七年以降も志太中サッカー部の活躍は続く。七年には東京文理大主催の全国中等学校蹴球大会で準優勝する。連続優勝こそ逃したが、志太中の安定した力を立証した。翌年には浜松高工主催の東海中等学校蹴球大会でも勝利。文理大大会では一回戦で浅野中（神奈川）を10－0、二回戦不戦勝で三回戦は浦和中を2－1と下し、四回戦は延長戦の末1－0で東京高専を破った。さらに準決勝でも東北学院（宮城）を延長3－2で退け、決勝に臨んだ。決勝は東京高師付属中との対決。前半1点を先取されたものの、7分、11分、31分と加点し2点をリードした。ところが、後半風下に回ると形勢は一転する。連戦の疲れも出て動きが鈍くなったためか、たちまち2点を返されて同点、さらに2点を献上してついにゲームをひっくり返されてしまったのだ。「2点のリードを守り切れずに負けるとは…」。連続優勝の夢破れたイレブンは悔し涙にくれたという。

浜高工の大会は一回戦不戦勝、二回戦は相手が棄権という幸運にも恵まれたが、三回戦で豊橋商を9－0の大差で撃破、決勝も浜松一中を2－1で下し優勝した。

この時代に活躍した選手としては児玉甚之助、田中一郎、桜井辰雄、奥川孝志、大石（旧姓青島）実、原崎敬次、萩原毅（以上六回生）、杉山進（七回生）、山口義夫、谷田省三、川島兵四郎、多賀須達郎、大井正志、蒔田竜一、新村太郎、望月輝雄、見崎洋氏（以上八回生）らがいる。

原崎敬次氏は敏雄氏（二回生）、武氏（四回生）の弟で、三人とも志太中の主力選手として気を吐いた。同じようなケースで松永行氏（五回生）、信夫氏（十一回生）、碩氏（十七回生）がいるが、どちらも極めて珍しいことだ。後に東京高師に進んで主将として活躍した原崎敬次氏は「志太中は先輩に恵まれ、東大、早大、慶大などに進学した人たちが厳しく鍛えてくれた。こうした練習のおかげで早く高いレベルに到達したのだと思う」と語っている。

「サッカーの練習、ゲームを通して根性を植えつけられた。一つのことを最後までやり抜くという精神は軍隊でも社会でも大きな支えになった」と青春時代の遺産をたたえたのは杉山氏。地元藤枝にとどまって茶商を営んだ谷田氏は超ＯＢの「藤枝ＦＣ」でもボールを蹴り、日曜日の練習が楽しみだったという。山口氏も「足が速かったのでサッカーの選手に選ばれた。卒業後は浜松師範に行ってサッカーをやろうと思ったが、四、五人しか集まらず、やむなく柔道部に入った」と遠い昔を懐かしむ。

昭和十年には志太中が主催して郡下小学校児童蹴球大会が開かれた。大会には葉梨（藤枝）、焼津西、小川、豊田（以上焼津）が参加し、焼津西が優勝した。この時代の小学校のサッカーは出場校の数からみても焼津市上位であったことがうかがえる。

優勝に次ぐ優勝の輝かしい日々

ベルリン五輪が開かれた昭和十一年、志太中は浜松高工主催の東海中等学校大会で二度目の優勝を遂げた。参加は名古屋商、豊橋商、浜松一中、見付中（現磐田南高）、志太中の五チーム。一回戦で見付中と対戦した志太中は、立ち上がりわずか13秒で得点し、10分にもゴールを割って楽勝した。

強敵とみられた浜松一中が敗れて、決勝戦の相手は名古屋商。志太中は前半、たて続けに5点を挙げて安全圏入り、後半にも大量5点を加えて大勝した。

レギュラーとして活躍したのは主将の原崎正、後藤美喜保、仁科信弘、又平連太郎、町井博、原野立吉、田村栄三、飯塚一雄（以上九回生）、河合信夫、青島鉱司（以上十回生）、松永信夫（十一回生）の各氏ら。後藤氏は「見付中戦ではキックオフでCFの私が出したパスが青島、松永、仁科、青島と渡って、わずか13秒で得点したことをよく覚えている。仁科は百米《メートル》11秒そこそこの俊足ウイングだったので、私がゴール前に着くまでに得点していた。決勝戦では一人で6得点し、実に愉快だった。帰ってくると恒例の提灯行列があって、瀬戸川付近から学校まで行進した」と語っている。

また、又平氏は「当時、部長をなさっていた熊谷孝先生（元焼津高校長）のお宅に置いて頂いたこともあり、大変お世話になった。先生は実に温厚な方だった。県下中等学校大会の決勝では派手に決めてやろうと思ってシュートを外したことが忘れられない」と青春の思い出は尽きない。

昭和12年、県下中等学校大会に優勝したときの志太中イレブン

浜松高工大会から一カ月後の九月に開かれたこの県下中等学校大会で、志太中は一回戦10－0で見付中を破り、さらに静岡中を2－1と撃破して静岡師範との決勝戦に臨んだ。激しい雨の中で行われたこの試合はパスもドリブルもできないような泥んこ試合となり、後半、静岡師範に1点を許しついに涙をのんだ。

翌十二年、志太中は県下大会に優勝し、前年の恨みを晴らすことになる。一回戦不戦勝のあと、二回戦で宿敵静岡中を2－1と退け、決勝でも浜松一中を2－0で破り優勝した。この決勝戦では疲労困ぱいした両チーム選手がバタバタと倒れたが、お互いの選手らが足を揉んだりして介抱し合う美しいスポーツマンシップが見られたという。

この時の河合主将は静岡師範二部に進み、サッカーに親しんだ。「静岡師範のころは試合中に空襲があったりした。師範の大会ではあまり良い成績はあげられなかった」と戦雲たれ込めた時代のサッカーを思い返している。

河合氏の一期後輩に当たる松永氏は三年生からレギュラーになった名選手。卒業後は東京文理大に学び、二部リーグに落ちた同大を一部に再昇格させる立役者となった。戦後、昭和二十五年、二十九年のアジア大会の日本代表に選ばれたほか、メルボルン五輪の代表選手にもなった。

志太中はその後、十三年に浜松高工大会、静岡高大会、十五年浜松高工大会、十六年明治神宮国民体育大会中等学校蹴球の部中部地区予選などに次々と優勝し、輝かしい戦績を残した。

十二年度以降十七年度までの選手には山本直平、原田武夫（以上十回生）、山崎敏夫、渡辺喜代治（以上十一回生）、村松（旧姓山梨）桂次、柴原実、中村元治郎、曽根雄一（以上十二回）、宮本徳而、浦山新一郎、紅林喜代司（以上十三回生）、鈴木哲夫、杉山静男（以上十四回生）の各氏らがいた。

戦時下もサッカーの灯は消さず

太平洋戦争は昭和十八年から十九年にかけて次第に悪化、〝敵性スポーツ〟のサッカーも徐々に下火になっていった。この時期、新たに国防競技なる軍事色の強いスポーツが登場し、幅を利かせたことを戦前派は忘れていない。しかし、サッカーを校技とした志太中だけに、このような世情にあってもサッカーの灯は決して消えなかった。

十八年三月、学窓を巣立った十五回生ではLH鈴木一夫（元県議）、LW岩田規、LF小柳四郎、LI八木進の各氏らがレギュラーとして活躍した。十七年度のイレブンとしてこのほかRW福井敏郎、RI杉本功、CF松永碩、RH下村敏雄、CH河森武、RF北川茂、GK仲野進司の各氏の名が記録に載っている。

主将を務めた鈴木氏には、強烈な印象として残っていることが一つある。それは四年生の時のこと。一年先輩の寺島登氏が浜松高工大会の決勝で見せた見事な闘魂だ。寺島氏は開始5分後、右手を骨折するアクシデントに見舞われながら、骨折した手を肩からつって奮戦、泥んこの中で最後まで戦い抜いた。「FBの要だったので途中からの交代もできなかったのだろう。試合が終わったときは全身紫色になっていた」と青春の鮮やかな一コマを思い返した。十五回生は最終学年の時、全国選手権の山神静予選で宿敵湘南中（神奈川）と対戦、タイムアップと同時に1点を許して全国大会出場の夢を断たれた。

小柳氏は「五年生の時の県下大会は決勝で静岡中に1点差で負けた」と話す。地元藤枝で後進の指導に当たった岩田氏は県協会副会長、藤枝市サッカー協会会長を務めるなど幅広く活躍した。「柔、剣道部、国防競技部中心になっていたが、敵性スポーツの中でもサッカー部だけは合宿や寒稽古を従来通りにやった」と岩田氏は懐かしむ。さすがサッカーを校技とする志太中の面目躍如といったところだ。

鈴木氏らの一、二期下でサッカー部に名を連ねたのは河森武、北川（旧姓増田）茂（以上十六回生）、松永碩、後藤昭治、橋本守、杉本馨（以上十七回生）の各氏らだ。北川氏は清水東高サッカー部後援会で活躍、母校との対決には複雑な思いだった。十八年は県下大会でも二回優勝して伝統を守るが、北川氏は県下大会の浜松一中戦で、ハーフライン手前十メートルの自陣から蹴ったボールが相手バックスにもあたって、直接ゴールインするという珍しい体験を持つ。

松永氏は三年生からレギュラーになり、ずっとCFで通した。東京高師－早大と進み、東京高師では主将を務めた。同高師三年生から日本代表のメンバーに選ばれ、七年間代表選手として見事な足技を披露した。戦後、二十五年にはインドで開かれたアジア大会に出場、銅メダル獲得の主力になった。

この大会には兄信夫氏もメンバーに選ばれたが、当時は資金不足の時代。このため、OBや同窓会などが中心になって人気歌手の灰田勝彦を呼び、「一興行打って参加費を捻出する一幕もあった」と話すのは後藤氏。松永氏は「グラウンドは食糧増産のため十九年の夏から芋畑になってしまった。どうしても半分残してほしいと訴えたが、軍の力が強くてどうしようもなかった。国防競技に出ろと言われたのを断ったら教練に丙の評価をつけられた。高等師範に進む時、この丙のために大変困った」と述懐している。

無許可試合で退部事件

戦況悪化の影響を受けて、終戦前後の志太中サッカーは活動を細々と続ける状態だった。昭和十九年度には県大会で静岡師範、浜松一中を破って優勝した。このころは物資もすっかり不足し、ボールは継ぎはぎだらけ、ラグビーボールをもらって蹴るありさまで、とても満足な練習はできなかった。

GKだった原田敢二郎氏（十八回生）は「学徒動員でゼロ戦のプロペラを作るなど本来の学校生活とは縁遠い時代だった。食糧も不十分で、トウモロコシのパンを食べながら練習したりした。全国大会に出て優勝する力はあると思っていたのだが…」と当時を振り返る。

昭和21年ごろの志太中イレブン。ユニホームはばらばらでストッキングのない選手もいた

原田氏の同期には鈴木吉郎、増田春雄、鈴木隆氏らがいる。原田氏は法政大、鈴木氏は日大へ進学してサッカーを続けたが、関東大学リーグには志太中出身者がたくさんいて、やりづらい思いをした、と話す人もいる。十八回生は昭和二十年三月、四年生で繰り上げ卒業して学窓を去る。

十九回生から二十一回生でサッカー部に籍を置いたのは岩田理、小林敏彦、仲田弘之、鈴木達郎、新井千秋、甲賀（旧姓小沢）嘉之、水島惇の各氏らだ。

戦後の二十一年、一つの〝事件〟が起こる。無許可の対外試合をやったことが分かり、その試合に関係した上級生らは退部、〝志太中サッカー部の灯〟が消えそうになる。このピンチに立って鈴木達郎氏や新井氏らが踏ん張り、最上級生になった鈴木氏らは〝事件〟でいったんは部を去った仲間も加え、翌二十二年六月の第一回県スポーツ祭に臨み、決勝で静岡中を2－1で破り優勝する。

鈴木氏は早大を卒業後に郷里に帰り、後輩の指導に専念する。その結果、昭和三十年に初めてインターハイの東海代表の座を獲得、二年後には地元静岡国体で国体初優勝を遂げることになる。藤枝東高のサッカー復興に多大な功績を残した鈴木氏は三十二年を最後に指導者の座を退き、長池実氏がこれに代わって新しい監督に就任する。鈴木氏は「二十二年には学校に初めて野球部が誕生し、サッカー部から野球部に移る者もいた。この年、戦後初の合宿をやったが、物資は極端に不足していたため、先輩のところを回って米や味噌を頂戴した記憶がある。大先輩の鈴木六郎氏（一回生）にはそんな時、大変お世話になった」と話し、「母校の面倒を見始めたころはボールが二、三個しかなく、ボールがなくては何もできないと部費を全部ボール代につぎ込んだこともある。基礎体力をつけるためウサギ跳びや腹筋運動を練習の中に取り入れたが、これが良い成績を残せた原因ではないかと思う」と続けた。

この間、学校は二十三年四月の学制改革によって志太高となり、翌年には藤枝高と改称、二十七年から現在の藤枝東高と呼ばれるようになった。

第三章　静岡中　戦前に二度の黄金期

大正九年にサッカー部誕生

旧制静岡中（現静岡高）では大正七年ごろから同好の士が集まってボールを蹴っていた。当時、東京高師（現筑波大）の卒業生で地歴（地理歴史）担当の芳賀剛吉というサッカー好きの教師が在任していた。彼らは芳賀氏から指導を受けたのである。

芳賀氏は同六年に東京で開かれた第三回極東オリンピック大会で、蹴球が初めて公式競技として行われた時の日本チームのCFを務めた人だ。適切な指導と卓越した手腕により好選手を育て上げた。

芳賀氏は大正八年三月の人事異動で同校を去ることになったが、これを契機に蹴球部創設の機運が盛り上がった。その年、静岡師範に蹴球部が誕生したことも刺激剤になったのだろう。やがて上級生の有志らの働き掛けなどもあって、ついに翌九年二月十一日の紀元節当日、校友会総会の賛同を得て蹴球部が創設されたのである。

当時はフットボール部と呼ばれ、軍事教練の教師だった小林武氏（愛称ブーさん）が部長

静岡中蹴球部の創設記念写真（大正９年２月11日撮影）。上から２列目左から２人目が鈴木駿一郎氏、同３列目左から４人目が守屋校長。（最上段右から３人目の小川博氏提供）

となり、同部の生徒委員には鈴木駿一郎、花田虎之助氏らが任命された。鈴木氏は八高（現名古屋大）−東大と進んだが、八高時代は同校を全国優勝させる中心戦力だった。東大に進学してからも、母校のコーチに静岡を訪れ、大正末期から昭和初期にかけて静中蹴球部の黄金時代を築き上げるのに貢献した。いわば静中蹴球部の草分け役となった人だ。また、東大卒業後は満鉄に勤務、終戦後は浦和市立高で教鞭をとるかたわら、サッカー部の指導に当たり、同校を全国優勝に導いた。埼玉県のサッカーレベル向上に力を発揮した人でもある。

鈴木氏の一年後輩（36回卒）には小川博、駒井鋼之助、小川修寿、臼井喜太郎の各氏らがいる。さらにこの二年後輩（38回卒）に多島二郎、花田義男、本多（旧姓小林）峻の各氏がいて、蹴球部はやがて着実な歩みを始める。

その後、同校には優秀な選手が大量に入学する。杉江悟一（39回卒）、横山鉄男（40回卒）、伊沢照、伏見（旧姓中村）力三（以上41回卒）、井出多米夫、岩崎太郎（以上42回卒）の各氏らがその面々だ。

杉江氏はその後、昭和十二年に県蹴球協会設立に尽力する一方、長年にわたって理事長を務めるなど静岡県のサッカー指導と普及に貢献し、同四十六年九月には日本蹴球協会創立五十周年記念式典で全国表彰された。杉江氏は当時の様子について「私がサッカーをやっているころは野球部の活動が盛んで、グラウンドを思う存分使えなかった。静岡師範の胸を借りに出かけたが、

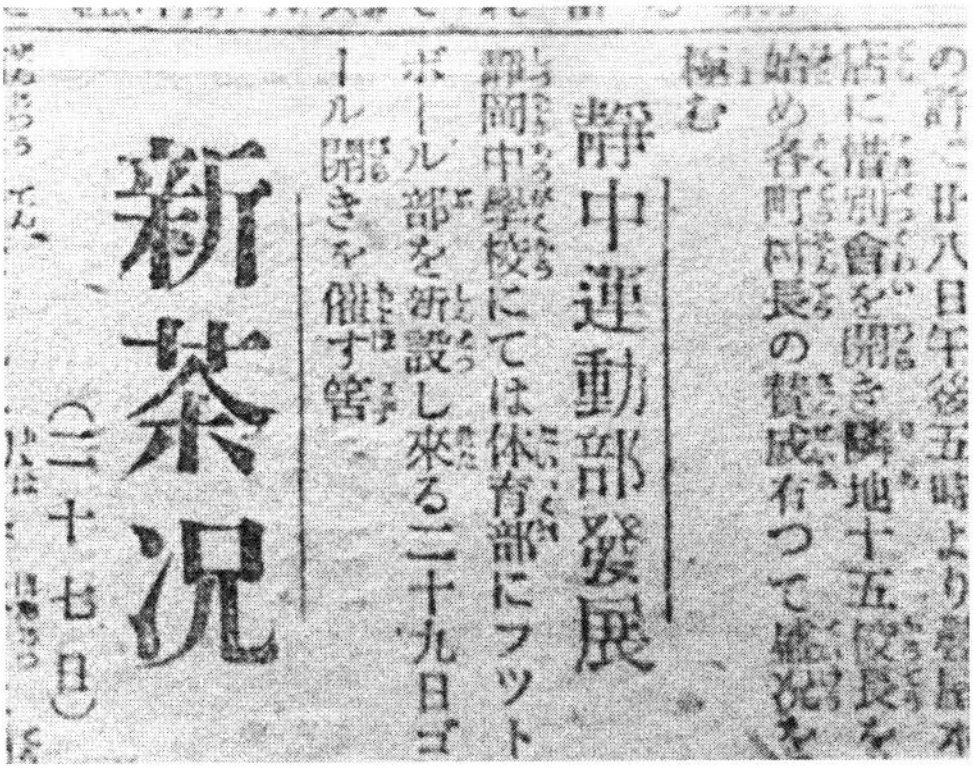

店に惜別會を開き隣地十五校長を始め各町村長の賛成有つて盛況を極む

静中運動部發展

静岡中學校にては体育部にフットボール部を新設し来る二十九日ゴール開きを催す筈

新茶況（二十七日）

静岡中のフットボール部新設を記念したゴール開きの予告記事を掲載した大正９年４月28日付の静岡民友新聞（静岡新聞の前身）

年齢差、体格差があったので、あまり勝たせてもらえなかった。大正十二年の時だったと思うが、東海大会で三重県の上野中と対戦して1－0で初勝利を飾った時はうれしかった」と述べている。

当時の静岡民友新聞（静岡新聞の前身）は大正九年四月二十八日付の紙面で静中フットボール部（蹴球部）が部の創設を記念してゴール開きを行う記事を掲載している。やがて時が流れて同十五年、同校野球部が全国中等学校野球大会で初の全国制覇を成し遂げた年、蹴球部も負けじと輝くのである。

念願の全国大会が中止

大正末期になると県内の中等学校にも蹴球部が誕生し始め、十三年には第一回の県下中等学校ア式蹴球大会が開催された。また、十五年は静中が文武両道にわたって抜群の成績を残した年となった。進学率はかなりの高率を示したほか、野球部が甲子園で全国制覇を果たし、蹴球部は第三回県下中等学校ア式蹴球大会に優勝して全国大会の出場権を手中に収めた、という具合だ。

この年の蹴球部は井出多米夫氏が主将になり、岩崎太郎、大塚昇、白鳥武雄（以上42回

大正15年ごろの静岡中蹴球部メンバー。軍服姿が小林武部長、その左が根井久吾校長、二人の後ろ左側は井出多米夫氏

卒）のほかに斉藤寛、池谷三郎、正本直躬、上口一郎、山内良之（以上43回卒）、それに原崎光、森田貞一（以上44回卒）の各氏らがメンバーだった。

十一月に浜松で行われた第三回県下中等学校蹴球大会では一回戦で静岡師範に3－0で勝ち、準決勝で志太中と対戦した。志太中戦は静中が押し気味に試合を進めたがゴールを割れず、前半を終わって0－0。後半に入って20分、相手のハンドでペナルティーキックを得た静中は、井出主将がこれを得点に結びつけ、このトラの子の1点が勝敗を決めた。

決勝の相手は浜松師範だった。静中は前半17分、大塚がシュートしてボールがゴールの左ポストに当たってこぼれるところを、池谷がすかさず押し込んで1点先取。後半10分には、大塚がロングシュートを鮮やかに決めて勝利を確実にした。

静中はこの優勝で全国大会への切符を手にしたが、大正天皇崩御のためこの年の大会は中止となってしまい、年号は「昭和」へと変わる。このころ校長だった根井久吾氏はスポーツに深い理解を示した人として有名だった。その後、昭和十二年から三年間、九州宮崎市の市長を務めている。

主将の井出氏はその後、早大に進みサッカー部の主将となったほか、昭和五年に東京で開かれた第九回極東オリンピック大会にも出場した。井出氏は静中先輩の鈴木駿一郎氏の教えを受けた一人で、特にヘディングの理論を説かれた。その理由は、「ヘディングを連続してできるようになれば、身体のバランスがよくなりキック力も強くなる」というのだ。井出氏は「私は四十七歳でタバコをやめたが、その年にヘディングを連続して四百三十五回もつき、これが最高レコードになった。西ドイツの有名プロ、ウーベ・ゼーラーが来日した時、ヘディングの重要性について鈴木氏と同じ点を指摘していた。鈴木氏には先見の明があった、と感心したものだ」と話している。

井出氏は体が大きく大仏に似ているということで、当時「ブッさん」の愛称があり、同校の応援団長も兼ねていた。野球部が甲子園に出場の時、サッカーの合宿があったので、急きょ甲子園行きを断念したというエピソードも残っている。

井出氏は親友の岩崎氏に対して静中卒業時に熱心に早大入りを勧めたが、医学を志す岩崎氏は結局サッカーを断念して昭和医専（現昭和医大）に進んだ。後に井出氏は「岩崎が進学後もサッカーを続けていたら、全日本の代表に選ばれていたろうに惜しまれてならない」としみじみ述べていた。その井出氏は昭和三十五年、静岡県サッカー協会の第二代理事長に就任し、サッカーの隆盛にも力を注いだ。

合宿で大先輩が熱血指導

静岡県内のサッカー界は大正末期から昭和初期にかけて静岡、浜松両師範に静岡中が挑戦する構図で、浜松一中、志太中がようやく台頭し始めたころでもあった。

静岡中で原崎光、塚本竜平（元清水商教諭）、大倉俊之助、川島玄作の各氏らが最上級生としてグラウンドに下り立ったのは昭和三年春のことだった。その一年後輩に元衆院議員、佐野嘉吉氏の弟理平氏もいて正選手となった。理平氏はその後、早大に進学して同十一年のベルリン五輪に出場、優勝候補の一角に挙げられていたスウェーデンを破った時のＧＫを務めた話はあまりにも有名だ。翌十二年には早大サッカー部の主将に選ばれている。

昭和三年、静岡中は旧制浜松高工主催の東海四県大会に備えて合宿を行った。合宿には、大先輩で東大の黄金時代を築いた鈴木駿一郎氏も指導に訪れ、グラウンドの石を拾い、草むしりを熱心に行い、部員たちに深い感銘を与えたものだった。当時の部員には森本春夫、大畑憲太郎、関俊夫、小林一男の各氏なども含まれていた。

いよいよ大会に入ると、対戦相手は優勝候補の筆頭、静岡師範だった。静中イレブンは無欲でぶつかった。師範に押され気味だったが、結果は1－0で勝利をものにした。勢いに乗ったチームはムードが一気に高まり決勝戦まで進出、東海の名門、岐阜師範と雌雄を決することになった。静中は善戦したが、師範学校の生徒との二年という年齢差のハンディは大きく、0－1のわずかな差で涙をのんだ。

このころの選手はオールラウンド・プレーヤーではなく、セクションごとに分業化していた。後に静岡県サッカー協会副会長、第四代理事長を歴任した小林氏は「私はFWだったが、もっぱら受けたパスを味方につなげるアシスト役だった」と当時を懐かしんでいる。小林氏は教員生活を送り、清水の袖師中学教頭時代に後の名プレーヤー杉山隆一氏を指導した人で、東京五輪にはサッカー競技役員として参加している。静中にはこの後も好選手が続々と入学する一方、先輩たちの適切な指導のもとに着々と基礎が築かれていった。

夏のＯＢ特訓で実力伸ばす

昭和に入ると、県内の中等学校には蹴球部が続々と創設され、サッカーの底辺は次第に拡大されていく。庵原中（現清水東高）、富士中（現富士高）、見付中（現磐田南高）などの各校に蹴球部が発足したのもこの時期だ。

静岡中で昭和八年ごろ蹴球部に在籍していたのは、渥美文平（元静岡工高教諭）、古知新作、竹田健、佐野勘一、吉川純吉、岩本重、片田政夫、遠藤大次郎、岡田信五郎の各氏らだった。

その年の十一月、横浜高商（現横浜国大）主催の中等学校蹴球大会に出場したチームは一回戦が不戦勝となり、二回戦で東京府立一商（現都立一商高）と対戦した。静中はキック・アンド・ラッシュ戦法で府立一商を圧倒、４－１で快勝した。準決勝の相手は優勝候補の一角に挙げられている埼玉師範だ。「相手にとって不足はない」と静中イレブンの闘志はいやがうえにも盛り上がった。ゲーム展開は、戦前の予想通り静中の善戦で１点を争う白熱した好試合となった。しかし、総合力で勝る埼玉は、静中の誇る厚いバックス陣の壁を破り、２－１という僅少差で決勝に進んだ。静中にとっては、まさに大魚を逃したという図だった。

その後、静中蹴球部は数年間、やや低迷を続けるが昭和十四年には第二期の黄金時代を迎える。この年、新主将に鈴木茂氏を選び再起を誓った。メンバーとしては辻本（旧姓森）実、飯塚一郎、若槻三郎、栗田丈夫、杉山正義、市原孝夫、松永博、水上勇、渡辺修司、それに小林三夫、四郎兄弟の各氏が加わり、久しぶりに強力な布陣となった。

昭和14年当時の静岡中イレブン。4列目左から2人目が水上勇氏、3列目右端が松永博氏、左端が栗田丈夫氏、最前列右から2人目が渡辺修司氏、円内は鈴木茂氏

この年の秋に行われた県中等学校蹴球大会兼明治神宮第一次予選で、静中は一回戦不戦勝の後、準決勝で浜松一中を3－2で下し、決勝で志太中と対戦することになった。志太中は当時、めきめきと頭角を現し、静中は数年来あまり勝てなかった。決勝戦でも前半は0－

1とリードを許してしまった。しかし、〝打倒志太中〟に燃えるイレブンは後半に入ると、ロングシュートを駆使して2点を加え、見事に逆転優勝を飾った。部員たちは早速、市公会堂の地下食堂で開かれた優勝祝賀パーティーに招かれ、優勝の感激ムードに酔いしれた。

この後、イレブンたちは「今度は甲信静地区の第二次予選を勝ち抜こう」を合言葉に敵地の甲府へ乗り込んだ。一回戦の相手は地元甲府中だった。厳しい攻防のゲームは1－1のまま延長戦に突入した。だが、静中に旅の疲れが出たのだろうか。延長に入ってから甲府に3点を取られて結局、1－4で涙をのんだ。

蹴球部が再び息を吹き返し、県内の強豪の仲間入りをした裏には、OBたちの並々ならぬ強化指導があった。特にベルリン五輪日本代表選手の佐野理平氏らが夏休みを利用して静岡に帰り、適切な教え方で個々の力をさらに引き伸ばしたのだ。若い芽は翌十五年に大きく開花するのである。

記念の全国大会に県代表

昭和十五年の新学期を迎えると、蹴球部には鈴木吉明、才茂誉英、三枝純郎、林鉄哉、萩原虎雄、野沢三弥、鈴木達正、水上元一郎の各氏など有望な新人が入部してきた。しかし、

昭和15年当時の静岡中イレブン。２列目左端が栗田丈夫氏、一人おいて小林三夫氏、右端が松永博氏、３列目左端が水上勇氏、その右が渡辺修司氏、一人おいて鈴木吉明氏

同十二年に始まった日中戦争が次第に激化してくる。このため、この年に日本で初めて開催される予定だった東京五輪は中止の憂き目をみることになる。

だが、日本体育協会はオリンピック大会に代わるものとして紀元二千六百年記念の第十一回明治神宮国民大会（現在の国体）を開催し、景気を盛り上げることになった。中等学校の蹴球競技に参加するチームは各都道府県一校ということも決まった。静岡県の代表を決定する予選は、その年の九月二十八日にキックオフとなった。県内には静岡師範、志太中、浜松一中などの強豪が目白押しだった。

静中の初戦の相手は浜松一中と決まった。ゲームは試合前の評判通り1点を争う激しい展開となった。両チームとも前後半各1点ずつを挙げて延長戦に突入。しかし、地力に勝る静中は延長前半、望月が超ロングシュートを決めて1点リード。後半、浜松一中の猛攻を封じて準決勝で志太中と対戦することになった。この試合は両チームとも前半無得点。後半に入り激しい攻防戦を展開したが、キック・アンド・ラッシュ戦法が功を奏して結局、志太中を2－1で退けた。

神宮大会の出場権をかけた決勝戦の相手は宿敵静岡師範だ。師範も「名門の面子にかけて一歩も譲れない」と静中イレブンの前に大きく立ちはだかると思われた。ところが試合は予想外の展開となり、静中が前半に3点を挙げた。大量リードに気をよくした静中は後半、静岡師範の必死の反撃を1点に食い止め、3－1のスコアでついに明治神宮国民大会出場の栄冠を手にした。

静岡県代表となった静中イレブンは、意気揚々と東京に乗り込んだ。二年生ながらレギュラーの座についた小林兄弟の弟四郎氏は「静岡－東京間は列車で四時間余りだった。寄宿舎は浅草の東本願寺別院で、三十校の代表が一度に宿泊したことを覚えている。朝の起床は太鼓の合図で始まり、非常に規律正しかった。そのころは浅草‐渋谷間に地下鉄が開通したばかりで、当時は各選手とも珍しがっていた。中には自動ドアに足を挟まれた者もいて大騒ぎになったものだ」と懐かしむ。この時、静岡‐東京間の運賃は四円六十銭で、この値段を出せば手縫いの高級サッカーシューズが買える時代だった。

明治神宮国民大会は十一月二十八日に始まった。静中は一回戦で金沢市立工業と対戦し、5‐0の大差で初陣を飾った。だが、二回戦で名門神戸三中の前に1‐5と今度は大敗を喫し、上位進出の夢ははかなく消えた。その後、静中イレブンはこの大敗を大いに発奮材料にするのである。

第四章　浜松中・浜松一中・浜松北高　暴れん坊の勇名轟く

運動部の猛者集まりチーム結成

浜松師範、浜松高工に刺激を受け、旧制浜松中学（後の浜松一中、現浜松北高）でもサッカーへの関心が育ち始めた。大正十年ごろのことである。ここから、正式なサッカー部が誕生する十四年春までの四年間は、いわば浜中サッカーの胎動期だった。

浜中サッカーの歴史を語るとき、誰もが第一に名前を挙げるのは早坂長治郎氏だ。その早坂氏が昭和三十九年に発刊された「浜松北高蹴球団四十周年の栞《しおり》」の中で往時を思い起こしてこう記している。「大正十年、浜中に来たとき、蹴球部副部長になれといわれて古ボールを三つ渡された。部長もいないし部員もいない妙な蹴球部で年間二十余円の予算があるだけ―。生徒が借りに来たときボールを渡し、終われば必ずその者が返すことにして理科室に保管しておくのが私の仕事であった」。

進取の気概よろしく、名前だけは先にできていたものの、実態は水泳、柔道、剣道部員らが昼休みの時間つぶしにボールを蹴る程度。ルールも何もあったものではない。ただ、思い

大正14年春、旧制浜松一中に誕生したサッカーチーム。水泳部や柔道部、剣道部などに〝本籍〟を持つ猛者の集まりだった

切り蹴って遠くへ飛ばすことを喜んでいるだけの、誠に原始的かつ本能的なボールの使われ方だった。

校名が大正十三年に浜松一中と変わり、翌十四年の春、初めてチームができた。前年の冬に水泳部員が「シーズンオフの運動にやってみようや」と同好の士を募ったのがきっかけだった。栄光ある初代チームのメンバーはGK山田金吾、RB秋山勇、LB野口武、RH中村武史、CH石井孝晴、LH市川忠平、RW伊藤喜次郎、RI富瀬源作、CF若林長夫、LI芥川正平、LW小野田正一の各氏であった。最高学年の五年生が七人、残りが四年生だった。市川、伊藤、芥川の三氏は水泳部、山田、秋山、石井の三氏は柔道部にそれぞれ本籍があり、野口氏は剣道部の主将だった。

中心となったのは市川氏。一級下の若林氏とともに競技のルールなどを勉強し、全員が冬休みに浜松高工蹴球部のコーチを受けながら五日間の基礎集中練習をしたうえで、新チームの旗揚げにこぎつけたのである。

ユニホームは黄色に黒の横縞模様。当時の選手たちが虎シャツと称して懐かしがった代物だが、市川氏によると「実はラグビーをやるつもりで選んだのだが、ラグビーではほかにやっているところがないので試合ができない。それでサッカーに変更した」とのこと。早坂氏が「四十周年の栞」に「どれもこれも元気一杯、他運動部の猛者の集まりで、面構えからして次郎長の子分みたいな集合でした」と書いているのと合わせると、いかにも荒っぽくて愉快な当時のチームのドタバタぶりが想像できる。市川氏は慶応大に進んでサッカー部主将を務め、卒業後も母校サッカー部の面倒を見続けた。

さて、チームを作ったのも試合がしたいためだが、一方で自分たちの実力がどのくらいなのかさえも見当がつかない。その年の十月、必勝の意気込みよろしく乗り込んだ静岡市での旧制静岡高、静岡中との二試合は0－6、0－5の完敗。誰かが風呂屋で「静高が弱そうだ」と聞いてきたのを頼りに仕掛けた挑戦だったのだが、結果は虎シャツがやたらと元気よく暴れ回るのに、点が入るのは相手方ばかり、という具合だった。それでもマネジャーだった佐藤（旧姓夏目）次郎氏は「しょんぼりするどころか、意気揚々と引き揚げてきました。この遠征試合で天下に浜一中蹴球部の存在を知らしめたのだってね。豪傑ぞろいだったですよ」と話す。

浜松市で呉服店を営んだ伊藤氏も「結局、私たち最上級生は一度も試合に勝ったことがないまま卒業しました」と笑い飛ばす。「私が最上級生になって最後の練習試合で確か熱田中（愛知）に1－0で勝ったことを覚えています」というのは小野田氏。古い部史を見ると、これがチーム結成から約二年後、九試合目の初白星であった。小野田氏は浜松城北工高校長を務め、静岡県蹴球協会の役員として少年団サッカーの育成に貢献した人。

勝ち星にこそ縁が薄かったが、この時期に培われた豪気と荒っぽさは浜一中の伝統として残った。その後、十年足らずの間に技術と理論が加わり、東海の最優秀チームに成長するのである。

七年目の宿願達成

大正十五年十一月、チームの結成から約二年、九試合目にして練習試合とはいえ熱田中からようやく初勝利を収めた浜松一中サッカーは、〝県制覇十年計画〟の夢を追い始める。

そのための人材は、主として浜松師範付属小（現静岡大付属浜松小）の卒業生を〝強制的〟に入部させることでまかなった。付属が当時、小学生の年代でボールを蹴ったことのある唯一の学校だったからである。同十四年入学の加藤忠七郎氏（元県議）は「同級の水島（茂氏）らと図って、入学してくる付属の後輩どもを半ば脅しつけて片っ端からサッカー部へ放り込んだ」と愉快そうに思い返す。新入生にとって「上級生の声は天の声」の時代だから否も応もない。後年の黄金時代を築く堀江忠男（元早大教授）、加茂三兄弟、本多勝司（元東京水産大教授）、金川利勝、中沢郁の各氏らが続々と入部してきた。もっとも加藤氏自身は、当人の言葉を借りると「立っているだけで何もしないので〝電柱〟というあだ名をもらった。それも、止まっていればボールも当たるのに、なまじ動くからもっと始末が悪い――と口の悪い仲間に言われたほどのダメ選手だった」そうである。

昭和二年の八高大会では準優勝まで進み、「浜松の暴れん坊」の勇名をはせた。部創設以来の「足を蹴らなきゃ試合じゃない」（加藤氏）という荒っぽさは脈々として息づき、これにサッカーとしての力量が加わってきた、ということだろう。同四年には練習試合ながら初めて志太中に3－2で勝った。

加茂三兄弟は大ガモ、中ガモ、小ガモと呼ばれたが、大ガモの加茂芳雄氏は大正十五年入学で堀江氏とは同級生。その大ガモ氏が「ヘディングをやるのに相手の肩を押さえつけてやる選手がいてね。それでも笛が鳴らなかったような気がするなあ」というから、荒っぽさは推して知るべし、である。

昭和五年のチームには六年後のベルリン五輪に出場する堀江氏と中ガモこと加茂健氏、小ガモこと加茂正五氏の三人が入り、それに大ガモ氏も残った豪勢な顔ぶれだった、それでも優勝の夢はかなわなかった。昭和三年の入学で小ガモ氏と同級だった山本二郎氏（元興誠高校長）は「堀江さんたちが最上級生（五年生）になった昭和五年は黄金時代になるはずだったが、どういうわけか刈谷大会、浜松高工大会とも準々決勝か準決勝ぐらいで負けてしまった」と回想した。

この年に初めて開かれた県下大会は二回戦で静岡師範に1－2の惜敗を喫した。山本氏は一年生で選手になった逸材だったが、事情があって運動を断念しなければならず、この無念の思いが後に浜名、浜商、興誠でスポーツ校長の異名をとる潜在エネルギーとなった。大ガモの加茂芳雄氏は神戸高商（現神戸大）に進んでラグビーに転向した。「体がガッシリしていて敏捷な男だった。サッカーを続けていれば間違いなく加茂三兄弟がそろってベルリンに

昭和６年、十年計画の７年目に初めて県大会を制覇した浜松一中サッカー部

行っていたはず」と堀江氏は残念がった。

浜松一中が念願の県下優勝を果たしたのは昭和六年、中ガモの加茂健氏が最上級生の年だった。部創設の時、ほとんどやみくもに立てた十年計画が七年で達成されたわけである。

この時のメンバーは中ガモ氏のほかに高塚晴美（元小学校長）、早坂睦郎氏らが最上級生で、伊与田一止、金川、中沢の各氏らが四年生、小ガモの加茂正五氏、一年生の時からレギュラーの位置を確保していた本多氏らが三年生だった。早坂氏は浜一中に変わる前の浜松中の名前ばかりの蹴球部副部長となった早坂長治郎氏の長男で、「親爺がやっている部なので何となく敬遠していたが、当時わが家に下宿していた先輩の松本（吉治）さんに誘われて三年生になってから入部した」という。

早坂兄弟は二男の達郎氏が昭和十一年、三男の徹郎氏が十四年に入学し、それぞれサッカー部に籍を置いた。

八校だけの全国選抜招待大会に感激の出場

昭和九年から十年にかけて、浜松一中は東海に君臨した。それは先輩たちの献身的なコーチに負うところが大きかった。在学中から語学の才を生かして英文のサッカー指導書を読み、早大に進んでからもほとんど休みのたびに母校へ帰ってきた堀江忠男氏（昭和六年卒）を筆頭に、理論家の加茂律氏、一高－東大の秀才コースを歩んだ元主将の金川利勝氏（ともに七年卒）らが熱心な指導を続けたのである。

昭和９年、浜松一中最強時代の５年生。左から増井、中島秀、堀江道、梅村の各選手

七年の入学で、この黄金期を三、四

年生として送った平野静雄氏は「最も印象に残る選手は上級生だった中島兄弟だ」という。兄の秀夫氏は中学生離れしたスケールのＣＦでドリブルの名手、弟の勤氏は技巧のＬＩ（左インナー）で、絶妙のコンビだった。二人とも明治大へ進み、当時の明大を二部から一部へ引き上げるのに大いに貢献した。

秀夫氏はビルマで戦病死したが、勤氏は戦後も現役選手として活躍。第三回の東京国体に静岡県一般チームを出場させる大きな役割を果たした。その後、仕事の関係で岐阜に移り住み、当地のチームを国体に出場させたりもした。勤氏は「兄が戦争で亡くなった時、自分は兄の分もサッカーに打ち込もうと心に決めた。岐阜から国体に出た時は三十三か四になっていたが、そんな訳でまだやる気十分でしたね」と語っている。

九年の浜一中は七月の刈谷大会、八月の浜高工大会、九月の県大会、十一月の三遠大会を総なめにした。刈谷大会は正式には刈谷倶楽部主催中部大会、浜高工大会は浜松高工主催の近県大会で、それぞれ決勝は愛知の刈谷中、名古屋高商を大差で下している。県大会も静岡師範に５－１と大勝した。県内だけでなく、まさしく東海に敵なしの圧倒的な強さだった。

この時の顔ぶれはＧＫ藤田正平、ＲＢ太田太郎、ＬＢ増井信一、ＲＨ梅村亮信、ＣＨ堀江道郎、ＬＨ住岡明一、ＲＷ竹下敏恭、ＲＩ加藤正民、ＣＦ中島秀夫、ＬＩ中島勤、ＬＷ石塚石二の各氏。増井、梅村、堀江、中島秀の各氏が最上級生の五年生で、堀江氏は鬼コーチ忠男氏の弟。増井氏は卒業の直前に病死し、多くの先輩、同僚、後輩たちに惜しまれた。四年生は太田、住岡、竹下、加藤、中島勤の各氏。三年生が藤田氏。唯一の二年生だった石塚氏は今でいえばサッカー少年。「付属小（現静岡大付属浜松小）三年生のころから勉強そっちのけでボールを蹴っていました。二年の夏に初めて出た大会では、体が宙に浮いてしまって何がなんだか分からなかったことを覚えています」と話す。七歳年下の弟三夫氏はOB会「浜北高蹴球団」の団長を務めた。

当時の四年生は最上級生となった翌十年と合わせて、浜一中の歴代部員の中で最も多くの優勝を経験した。加藤氏が幹事役で卒業後四十二年ぶりに開いた同期会には〝全員集合〟し、懐古談で大いに盛り上がった。

十年の優勝は浜高工大会、県下大会で、ともに決勝戦で志太中を下したが、優勝回数としては前年の半分だった。ただ、この年には忘れられない思い出として当時の選手の誰もが口にする出来事があった。それは大阪の全国選抜招待大会に招かれたことである。前出の平野氏は「これに招かれるのは全国で八校だけ。浜一中の歴史でも最初で最後でした。青いユニホームを新調して乗り込んだ興奮は忘れられません」という。結果は優勝チームの神戸一中

昭和10年、全国選抜招待大会に招かれた浜松一中イレブン

と初戦で当たり3－4の惜敗だったが、この大会は一試合を除いてすべて1点差という猛烈な大会だった。

黄金時代はまだまだ続くはずだったが十一年五月、有名な大福モチ中毒事件が起きて、浜一中全体がスポーツどころではなくなってしまった。運動会で配った大福モチでゲルトネル氏菌中毒となり、生徒二十九人と家族十五人が死亡する大中毒事件である。堀江氏が早大を卒業して社会人となり、母校を訪れて指導する機会がほとんどなくなったこともあって、この後はやや力が落ちることとなった。堀江、加茂兄弟がベルリン五輪で栄光の足跡を記した昭和十一年という年に、母校のサッカーが下向きになったというのはなんとも皮肉なことである。

「打倒志太中」が合言葉

昭和十一年のベルリン五輪に先輩三人を送り出す一方で、現役組の成績はこの後五年ほど低迷状態が続くことになった。もちろん、優勝した大会がなかったわけではない。十一年から十五年までの五年間で、十二、十三、十五年の三遠大会で優勝している。しかし、その前の二年間に六本の優勝旗をかっさらった華々しい実績と比べると、やはり寂しさが残る。試合内容を見れば、今一歩という展開が多かったのも確かだが、志太中、静岡中、見付中といったライバルに県下大会、浜高工大会などのタイトルを奪われ続けた。

十二年に入学した伊奈重頼氏は一年生の時からレギュラーポジションを与えられた。「打倒志太中が私たちの合言葉でした。私が五年生になって第一回県下順位決定戦というのでようやく、本当にようやく4－2で勝ちましてね」と伊奈氏は語る。古い記録を見ると、この勝利は十年十月に黄金時代の先輩チームが4－1で勝って以来、実に五年八カ月ぶりの対志太中戦白星であったことが分かる。

伊奈氏の同級生で、人も知る〝怪童クラブ〟の副会長兼現役選手でもあった中野善次郎氏は「十五、十六年と浜高工大会で志太中を相手に戦った泥んこ試合が忘れられない」という。

十五年の試合は激しい雨の中、二時間を超える激戦の末に2－2で引き分け、翌日の再試合で2－3と惜敗。翌年もやはり泥田の中でぶつかり合って、今度は1－4の完敗だった。中野氏は「四年から試合に出るようになったが、それまではマネジャー。練習後の焼き芋や饅頭を調達するのが仕事だった」そうで、その背景には、上級生になると進学勉強のために部活動をやめる選手がいて慢性的な部員不足に悩まされるという、進学校特有の事情があったようだ。

浜松北高の校長だった児玉二郎氏は当人の弁によると「正式のサッカー部員ではなかった」とのことだが、OB会名簿には伊奈、中野氏の三年先輩としてちゃんと名前が載っている。浜一中時代はともかく、七高（現鹿児島大）に進学してからはハーフの選手として鳴らし、旧制高校最後の昭和十七年のインターハイに出場したキャリアの持ち主である。

児玉氏の一年後輩に当たる塩沢里士氏は「合宿の苦しさ、楽しさが印象に残っている」という。練習は当然厳しかったが、夜になると先輩が眠っている下級生の顔に墨を塗るなどの稚気あふれる悪戯をしてみたり、あるいはまた外出帰りに黄金饅頭を土産に買ってきて下級生を感激させたりした。塩沢氏が思い出すのは「楽しいことばかり」だそうだ。

昭和十六年のチームは、一年生の時からレギュラーだった伊奈氏、佐々木茂氏らをはじめ五年生にそうそうたるメンバーがそろった。三年生でCHを務めていた外波山諭氏によると「数年来では最強のチームだったはず」だった。しかし、実際にはシーズン初めに一度だけ打倒志太中の願いがかなって第一回県下順位決定戦の王座に就いたものの、浜高工大会、県下大会ではまたまた志太中の軍門に下ってしまう。「夢よもう一度」が実現したのは、五年生がゴッソリ抜けて戦力低下が著しいと誰もが思っていた翌十七年のことだった。

この年、五年生は原田滋氏ただ一人。シーズン初めの第二回県下順位決定戦は懸念した通り志太中に1－7の大敗を喫した。「弱い戦力で勝つにはどうしたらいいのか。チームワークと基本技しかない。そう考えて選手の気持ちを合わせることに専念しました」と原田氏。これが功を奏して浜高工大会で志太中を2－1に下し、七年ぶりの優勝を飾ることができ、県下大会でも静岡中を3－0で破って王座に就いた。

四年生だった早坂徹郎氏は「押されっ放しだった浜高工大会の志太中戦に逆転勝ちした感激を今も忘れられない。わずか二カ月前に大負けしてましたからね」と話す。この後、三年生でRIだった石塚三夫氏らがチームの中心を占める十八、十九年には戦時色が濃くなって、「ボールや靴が消え、シャツはボロボロ、靴は修理したところの方が多い状態」（石塚氏）で、試合もほとんどできなかった。

芋畑にゴールポスト

昭和十九、二十年と敵性スポーツのサッカーが肩身の狭い思いをさせられたのは浜松一中でも他の中学と変わりはなかった。グラウンドの半分がサツマイモの畑と化した学校では、ボール蹴りどころではなかった。

十六年から戦後の二十五年まで蹴球部長だった大沢正人氏（元沼津東高校長）が思い出す。「運動部再興の機運が盛り上がったのが二十一年四月ごろからか。静岡中が遠征に来てくれるというので、芋畑になっていたグラウンドに部員たちでゴールポストを立てたのですよ。先輩部員の平野（静雄）氏のところから木材をもらい、それを大八車に積んでガラガラ引いてきた。寸が足りなくてクサビでつないだりしました。とにかく試合ができるというので、皆大張り切り。負けん気の強い、覇気のある子たちでした」。

サッカーシューズは代々の先輩から譲り残されたものだけしかなく、部の宝物みたいなものだった。軍靴、地下タビはまだ上等な部類。「裸足が普通だった」と、二十一年に浜一中最後の新入生として入学した松本尚敏氏が〝証言〟する。ユニホームは開襟シャツ、ワイシャツ、海軍の練習着など、何でもかんでもとにかく白いものを持ち寄って懐かしい「ライト

浜松一中サッカー史における最後の隆盛期だった
昭和22年のチーム

ブルー」に染め、伝統の星のマークをつけて出来上がり。「二年間裸足で練習を続けたら、砂利の中でも平気になった」と松本氏は話す。

靴やユニホームはなくてもなんとかなったが、ボールばかりはなければどうしようもない。浜一中最後の卒業生で、翌年には同窓生が一期だけという浜松一高の卒業生となった松田治夫氏は「部のボールが二、三個しかなく、破れるとその場で麻ひもを使って縫った。今の子供たちのぜいたくなボールの使い方をみると考えさせられる」といった。

二十三年に福岡国体に出た時のGKだった鈴木久夫氏は「ボロボロの継ぎはぎボー

ルに慣れていたので、国体で初めて新品ボールに触れた時には戸惑いましたね。なにしろ、いつも使っていたのに比べると継ぎのない分だけ小さいし、第一ツルツル滑るのですよ。あれには参りました」とGKならではの思い出を持っている。

学制改革で浜松一中は二十三年四月に浜松一高となり、翌二十四年四月から浜松北高と改称する。松田氏ら浜一中最後の卒業生が中心になって復活させた新生浜一中のサッカー部は、大正十四年に正式な部として誕生して以来、三度目の隆盛期を迎える。「志太中も静中も問題じゃなかった。県内ではどことやっても負ける気がしなかった」と松田氏。二十二年に県大会、東海四県大会を制し、二十三年は国体県予選、中部九県予選を経て福岡での第三回国体で三位となり、浜高工大会にも優勝。二十四年は東海四県の県大会を三年連続で制し、優勝杯永久保存の栄誉を手中にした。

国体チームの主将だった村木誠次郎氏によると、チームは浜一中の先輩が大勢いて全国工専大会に三連勝した浜高工専とほとんど五分にわたり合い、四回に一回ぐらいは勝ったほどの実力を持っていた。その国体チームのメンバーはGK鈴木久夫（一年）、RB山崎享司（三年）、LB竹山達也、RH松田治夫、CH杉本恵台（以上三年）、LH小林一成、RW能勢剛行、RI中村昭司（以上一年）、CF村木誠次郎（二年）、LI竹下照彦（三年）、LW

藤井義也（二年）の各氏。

いずれもこの年だけの浜松一高生だった。松田氏の同級生であった山口雄氏ら中心選手数人は旧制中学の五年を終えたこの年の四月、「サッカーでスカウトされて立教の予科へ行った」（山口氏）というように、ひと足早く大学へ進んでチームから抜けていた。穴を埋めたのが能勢氏ら一年生四人だったが充実していた。

十月の国体には、選手たちが握り飯と米を持参し、二十六時間掛かりで博多入りした。一回戦（準々決勝）は近畿代表の伊賀上野高と対戦。1点を先行されたが後半、松田のロングシュートで追いつき、延長数回の末に抽選で勝った。「ジャンケンに負け、相手が先に封筒を選んだ。自分は開封する気もなかったが、相手が〝負けたわ〟とつぶやいたのを聞いて躍り上がった」と当時の村木主将。「宿舎に五輪選手の堀江さん、加茂兄弟らが陣中見舞いに来てくれたのには感激した」と山崎氏は思い起こす。

準決勝の相手、広島師範付属は長沼健・元全日本監督を擁した強力チームで勝てなかったが、三位決定戦は仙台一高を2－0で破った。「観衆の見ている前で試合をしたのは国体が初めて。あんなに上がったことは後にも先にもない」と一年生キーパーだった鈴木氏が懐かしそうに語った。

第五章　浜松師範、浜松高等工業、旧制静岡高

1　浜松師範　県内二番目の歴史に誇り

地下タビはいて蹴る、走る

浜松サッカーの始まりは、静岡市に遅れること一年だった。大正九年、静岡師範の後を追うように浜松師範の生徒たちがボールを蹴り出した。といっても本当に蹴るだけ。翌十年、入学と同時に蹴球部の門をたたいた山本太吉氏（元浜松市立県居小校長）は「ただ蹴って走る。シューズなんてカッコいいものはなく、地下タビをはいていた。とてもサッカーなんていえるものではなかった」と振り返る。

部長を務めた深沢直次郎氏は陸軍大尉で教練教官。もっぱら部員を叱咤激励するのが役目だった。ルールや戦術の勉強は、一冊のルールブックを全員で輪読して学んだという。創立当時のメンバーは、後に志太中の教諭となる山口秀三郎氏を主将に十二人。チームを編成するのがやっとだった。十年に山本氏ら一年生が七人余り入部して、ようやく試合形式の練習

浜松に本格的なサッカーを持ち込んだアストラクラブ（★マーク）と浜松師範イレブン（大正11、12年ごろ）

ができるようになった。

部員といえば「入学前に柔剣道の心得のある者は柔剣道部へ、足の速い者は競技部へといったように、それぞれの部に入っていった。ところが蹴球部だけは別で、何も運動をやったことのない、いわば〝能なしの集まり〟」（山本氏）だったという。しかし、部員の気迫は十分で、練習も厳しかった。雨の日も風の日も、試験の時でさえ練習は休まなかった。ルールさえ十分にマスターしていないのに、ただがむしゃらにボールを蹴り続けた。

この蹴球部に大正十年、東京・暁星中とそのOBで組織する「アストラクラブ」によって本格的なサッカーが伝えられた。このクラブに浜松市出身の平野八郎氏（平野社団役員）がいたことから、夏休みに八郎氏の生家に投宿して〝浜松合宿〟が始まり、浜松師範と合同練習をするようになった。

アストラクラブは大正十三年の第三回全日本選手権を制し、サッカー発祥のイングランドから贈られたFAカップを獲得した大正期の強豪。浜松合宿はこの年を皮切りに十年ほど続き、その度に浜松師範イレブンに胸を貸した。平野氏は「コーチするなどと、そんなだいそれたことは考えたこともなかった。ただ同好の士として一緒にボール蹴りを楽しんだだけ」という。

だが、山本氏によれば「アストラクラブの面々の洗練されたプレーに目を丸くした。これが蹴球かってね。プレーの一つ一つが勉強になった」と強烈な印象を残した。アストラクラブから学んだ技術を浜松師範出身者が浜松一中、浜松師範付属小、さらには浜松高工に伝授していったのだから、アストライレブンの浜松合宿がなければ、さらに平野氏が同クラブに入っていなければ浜松サッカーの〝真の幕開け〟はずっと遅れたかもしれない。

浜松サッカー育ての親という意味で、平野氏の足跡にも触れたい。大正十三年、全日本を制覇した時は既に暁星中を卒業し、ＯＢとしてメンバーに加わっていた。インナーを務め、優勝の原動力になった名選手で、選手としてだけでなくサッカーの普及にも大きな功績を残した。同年に発足した浜松高工蹴球部が翌十四年に主催した第一回全国中等学校蹴球大会の開催に際しては、自らポスターを作りＰＲに努めたほどだ。

「当時はサッカーを知る市民はほとんどいなかった。それで外国のダイビングヘッドの写真を使ってポスターを作り、市内の喫茶店や本屋などに張って歩いた。そうしたら、素晴らしいスポーツがあると反響を呼び、大会当日にはグラウンドの周りはいっぱいの人だった」と平野氏。この地道な努力がサッカー定着に大きな力となったのは間違いない。

アストラクラブの左インナー平野八郎氏（後ろ）とおいの平野富士雄氏（元浜松商工会議所会頭）。カップは英国寄贈のＦＡ杯（大正13年春）

さらに浜松師範サッカーを語るときに忘れてはならない人物がいる。それは蹴球部誕生当時に同校教頭だった錦織兵三郎氏である。錦織氏は大正十三年に志太中が創立されると、初代校長に就任した。その時、浜松師範蹴球部員が人物、学力とも優れていたことから、このスポーツに着目して「校技」としたいきさつは既に詳しく触れた通りである。それが、後に全国高校サッカー界きっての名門・藤枝東を生むことになるのだから、藤枝東サッカーも浜松師範に端を発したといえる。

大正十二年に初の県外遠征

大正九年、浜松地区にサッカーの幕開けを告げた浜松師範蹴球部創立時の十二人の顔ぶれは山口秀三郎、青島(旧姓太田)喜一郎、沢木哲男、佐野博、美和充、岩本又吉、釜下行雄、近藤菊治郎、鈴木由次郎、本杉薫、山田徳太郎、大石金次郎の各氏だった。がむしゃらにボールを蹴っただけ—というが、この十二人の足が礎となって後に県中部勢と匹敵する力を持つ浜松サッカーへと発展するのだから、栄光のイレブンならぬ〝トゥエルブ〟といえるだろう。

十年になると、池谷勝恵、大石市三郎、山本新平、山本太吉、石原海二郎、見崎義英、清水雄の七氏が入部。さらにこの年夏にアストラクラブと合同練習をすることでサッカーらしいサッカーをやるようになったことは前で述べている。

山本太吉氏らが入部して二年目、十二年の正月に名古屋市の鶴舞公園で中部蹴球大会が開催されるようになった。浜松師範も招待を受け、初の県外遠征をする。初めての体験ながらイレブンは順調に勝ち進み、準決勝で名門明倫中と顔を合わせた。前夜来の雪で、グラウンドは三十㌢《チセンチ》もの積雪。ボールは蹴るたびに雪の中に沈む悪コンディションにもめげず、両チームは懸命に戦った。後半、山本太氏が左コーナーから見事なクロスシュートを決め、1‐0で明倫を下して決勝に進出した。当時の新聞はこのゲームについて「山本の斜転球、見事に功を奏す」と報じている。

決勝の相手は、伝統を誇る京都師範。前日に決勝点をたたき出した山本太氏は、徹底的にマークされた。前半の半ば過ぎ、チャンスをつかんだ山本氏がシュートしようとすると、右足ふくらはぎを思い切り蹴り上げられた。ヘディングシュートを狙うと、今度は右肩に相手の足が―という具合。これで惜しくもチャンスを逃した。「あれほど残念だったことはない。蹴球の良さはあくまでも紳士的なことのはずなのに。勝ち負けだけにとらわれて卑劣な行為に出るとは遺憾千万」と、はるか昔のことを昨日のことのように話したその表情は、実に悔しそうに見えた。

試合は1‐2で、京都師範に軍配があがった。その後も浜松師範は毎年のようにこの大会に出場したが、ついに優勝することはできなかった。

このころ、静岡県内でサッカー部があったのは浜松師範のほか静岡師範と静岡中だった。毎年、対抗試合が行われたが、勝ったり負けたりの状態で、実力は全く互角だったという。

大正十四年、浜松師範ＯＢで曳馬蹴球団が結成された。県内の各学校に教師として散っていた卒業生たちが、休みを利用しては浜松に集まり、後輩たちとボールを蹴り合って指導に努めた。この曳馬蹴球団は戦後も長く存続し、昭和五十三年ごろにはさすがにボールこそ蹴ることはなくなったが、年に一回は皆が顔をそろえて話に花を咲かせたという。

ＯＢたちは卒業してもサッカーへの情熱を失わず、県内各地で普及に力を尽くした。その双璧が山口秀三郎氏と佐野博氏である。初代主将の山口氏は志太中に赴任し、サッカーを校技とした錦織校長の片腕として基本をたたき込んだ。佐野氏は旧清水市内の学校に勤務し、庵原中に足を運んでコーチ役を引き受け、今の清水東高サッカー部の基礎をつくった。また、静岡女子師範の教師となった山本太吉氏も休みのたびに帰郷し、他の仲間と浜松師範付属小で子供たちに手ほどきをした。

浜松師範が灯した浜松サッカーの灯は、浜松高工、浜松一中に受け継がれ、大きく燃え広がっていくのである。

2　浜松高等工業　部結成七年目に全国制覇の快挙

苦労続きの創成期

浜松師範がきっかけとなった浜松のサッカー熱は大正十三年秋、浜松高等工業学校に伝わる。それは「蹴球に興味を持つ連中が集まって、ボールを蹴り始めた。選手もそろわず、練習も思うに任せない状態」というスタートだった。

浜松高工に蹴球部誕生の報は、いち早く各高工に届き、早速挑戦状が寄せられた。そして同年十月三十日、名古屋高専イレブンを迎えて浜高工蹴球部結成記念ともいうべき初の対外試合が行われた。チーム誕生からわずか一カ月、しかも相手は名門だ。そんな中で浜高工はよく戦った。

前半5分、先制点を奪い、新興勢力の意気を示した。その後は徐々に実力を示し始めた名高専の逆襲に遭い、結局1－5で敗れて初の対外試合を飾ることはできなかった。とはいえ、チームは産声を上げたばかりで編成もままならない状況にしては上々の初陣だった。

翌十四年になると、浜高工、八高、名高専、名古屋高商、岐阜高等農専、三重高等農専、静岡高の七校によって東海高等専門学校ア式蹴球連盟が結成された。そして五月にリーグ戦、十一月にトーナメント大会を開催することになった。五月のリーグ戦で第1、2戦を失った浜高工は第3戦で名高専と対戦。前年に1－5で敗れているだけに雪辱の意気に燃え、今度は5－1という逆のスコアで快勝した。このころから、浜高工と名高専は格好のライバルとなったのである。

当時の選手は愛知県の中学でサッカーを経験していて、それだけに技が売り物だった。昭和二年、浜松一中から入部した小野田正一氏（元浜松城北工高校長）は「浜一中はとにかく荒っぽいサッカーが信条みたいだった。ガンガン当たって相手をつぶせという具合だ。だから、先輩たちのサッカーがよけい華麗に映った」と思い起こす。

小野田氏が入部した年、サッカーを校内に広めようと、ルールをずっと単純化した校内大会も開かれるようになった。このあたりに、自分たちだけでボールを蹴るのではなく、「学校全体で」という部員たちの熱意がうかがえる。

昭和三年秋、東海高専トーナメントで浜高工は初優勝をやってのける。メンバーはGK幸田胖（三年）、FB中村勝（同）、山田茂三（二年）、HB山田金吾（三年）、伏見久直（一年）、栗山良夫（二年）、FW松尾茂（三年）、西坂冽（一年）、加藤豊治（三年）、岡田義一

第一回全国高等工業蹴球大会で準優勝した昭和４年当時の浜松高工メンバー

(同)、小野田正一（二年）の各氏。

決勝の相手は宿敵名高専。新人伏見、ウイング小野田の両選手を軸に必死の攻めを見せ、４－３と大接戦の末に初優勝を飾った。二年生でマネジャーだった鈴木達次郎氏によると「部員は十一人ぎりぎりでＲＷ松尾は素人で、チームをつくるのに四苦八苦した。それでも刈谷中から入ってきた伏見を中心によく戦った。幸田主将に大カップが贈られた時はみんなで歓喜の声をあげたものだった」という。

高等工業という学校の性格上、実験や実習が多く、全員がそろって練習ということはほとんどなかった。「それでも全員サッカーが好きだった。授業中に抜け出してボールを蹴ったりして、サッカーそのものを楽しんでいた」と小野田氏は懐かしんだ。

昭和四年には第一回全国高等工業蹴球大会で準優勝。翌五年の第二回大会は初めから優勝を目標に大会に臨んだ。まず、関東、関西に分かれて予選を行った。浜高専は関東予選に出場し、代表権を獲得した。いよいよ全国優勝戦。相手は常に浜高工の前に立ちふさがる名高専だ。打倒名高専に燃えるイレブンの意気込みはすさまじく、前半で5－1と大きくリード、後半も攻めまくって7－2で試合終了。好敵手に圧勝して、部創設七年目でついに全国制覇を成し遂げた。浜高工蹴球部の歴史に記念すべき金字塔を打ち立てたイレブンはＧＫ伊藤恒久（二年）、ＦＢ数森幹一（同）、細木立志（一年）、ＨＢ佐伯義郎（同）、伏見久直（三年）、西川茂（一年）、ＦＷ西坂冽（三年）、白谷好一（二年）、掛野礼（三年）、池ケ谷勲（一年）、近藤博（同）の各氏だった。

「伏見、白谷の刈谷中コンビを中心に素晴らしいまとまりをみせていた。まさに第一期黄金時代とでもいうのだろう」と鈴木氏。白谷氏も「最高の盛り上がりだった」と振り返る。全国優勝をやってのけたチームだけに、このころの浜高工は静岡県内でも頭一つ抜きん出た存在として県蹴球界をリードした。

戦後の復活大会でも全国優勝

第二次大戦で中断した静岡サッカーは昭和二十一年、浜松工専の第一回全国専門学校蹴球選手権大会優勝で幕を開ける。この優勝は、三十年以降に王国を誇ることになる静岡県サッカーの活躍を示唆する意義深いものであった。

戦前、全国高等工業蹴球大会で優勝五回という輝かしい実績を残した浜松高等工業は昭和十九年に「高等工業学校」から「工業専門学校」へと校名が変わって終戦を迎える。校名が新しくなり、戦後の新時代が始まっても、サッカーの強豪としての伝統は受け継がれた。

蹴球部は二十一年に復活する。二年生だった早坂徹郎氏によると「確か夏休みの終わりごろだった。秋に第一回の国体があるので、そのためのチームを編成するという話が持ち上がり、中学時代にサッカーをやっていた連中に集合の合図が掛かった」という。こうして森田関夫教授が顧問となり、浜松一中を出た六人を中心に十二人が集まって再びスタートした。注目されるのは、チームの半数が浜一中出身者で占められていたこと。大正十三年、浜松高工に蹴球部が誕生した当時、愛知県勢が主体で浜一中OBはほんの一握りしかいなかったことからすれば、いかに浜松にサッカーが普及してきたかがうかがえる。

この年、第一回全国専門学校蹴球選手権大会が開催されることになった。「国体に参加す

昭和21年の浜松工専チーム。ユニホームは浜松一中から借りたものだった

るために」集められた浜工専イレブンは、この大会に参加する。その時のベストメンバーはGK大久保懋（三年）、FB早坂徹郎（二年）、阿部嘉栄（三年）、HB岩沢弥之助、岩本耕作、倉田成夫（以上三年）、FW増田晴雄、武田昇（以上二年）、木村武、大友裕、井田信平（以上三年）の各氏。

ただ一人の一年生加藤真三郎氏は補欠に回った。チームの特徴はチームワークの良さ。主将を務めた大友氏は「芋をかじりながら練習をやった。今から思えば技術的には未熟かもしれないが、まとまりだけは素晴らしかった」と話す。メンバーの中で異色だったのは岩沢氏。ラグビー出身で、その後も県ラグビー協会副会長などとしてラグビー普及に尽力した。「ラグビーをやりたかったが、仲間が少なかったのでサッカー部に入った。走ってぶつかり合うのは同じこと。周りがうまかったので、何とかプレーできた」と岩沢氏は回想する。

さて全国大会だが、関東地区予選で浜工専は圧倒的な強さを発揮した。初戦の東京外語は6－0、準決勝の日本獣医は4－1、決勝の東海専門は7－1とすべて一方的に下した。十二月も押し詰まって、京都市で開かれた全国大会へ駒を進めた。

出場校は地区予選を勝ち抜いた東北学院、大阪専門学校、九州医専と浜工専の四校。一回戦の九州医専戦は3－0とまずは順当勝ち。決勝の相手は大阪専門学校だった。開始間もなく、バックスの早坂氏が相手選手と激突、脳しんとうを起こしてダウンしてしまった。そこで、補欠に回っていた一年生の加藤氏が代役を務めることになった。早坂氏は「試合のことは全く覚えていない。気が付いたら旅館の布団の中」だったそうだ。

この日は激しい雨でグラウンドはドロドロ、ゲームも天候同様に波乱含みとなった。1－1のまま延長にもつれ込むかと思われたタイムアップまであと30秒足らずのこの時、LW井田氏のシュートが決まった。その瞬間、試合終了のホイッスル。ついに戦後のスタートを優勝で飾ったのである。

この優勝をきっかけに、浜工専は戦前の黄金時代に匹敵する充実ぶりを示す。二十二、二十三年と全国大会進出は今一歩のところでならなかったが、常に東海選手権を制し、〝東海の雄〟と呼ばれた。

浜工専から静岡大工学部となった二十四年、再び全国の覇者となる。「この年の秋の東海大会で敗れてしまった。先輩の伝統を受け継げなかったと責任を感じ、大いに奮起した」と当時の主将鈴木幹氏は語る。全国大会の会場は、ホームグラウンドの西寮グラウンド。三年ぶりの全国大会出場とあって、学校ぐるみの大応援団がスタンドを埋めた。決勝の相手山梨大を3－1で下した時、歓喜の太鼓の音が二キロ以上も離れた浜松市鴨江町あたりまで響き渡ったという。

「われわれの努力もさることながら、森田先生に代わって二十二年から顧問になった高山忠雄先生の力があったから優勝できた」と鈴木氏。台風の時でさえ練習を休まず、風邪で熱があってもグラウンドに引っ張り出した。このスパルタこそ〝高山式サッカー〟だった。

戦後、華々しいスタートを切った浜工専だったが、二十四年の優勝を境に選手が思うように集まらず、その後は尻すぼみの状態になっていった。

3　旧制静岡高　大正十二年ごろに蹴球部創設

多くはサッカー未経験者

学校創立は大正十一年だが、サッカー部の創設は十二、三年ごろといわれる。現静岡大の前身で、昭和初期ごろはインターミドル（現在のインターハイ）に出場したり、県大会でも一時はチーム力が上がった。

蹴球部の出身者には名門東京高師付属中出身の藤岡端氏や盤瀬太郎、古屋惣太郎、片山甲子男の各氏らがおり、マネジャーを務めた経験のある守屋美智雄氏も陰の功労者としてチームに貢献した。当時、旧制静岡高に入学する人たちは、中学時代のサッカー経験者が非常に少なく、高等学校に入って来て初めてボールを蹴る人が多かった。そのうえ静岡県内出身者もごくわずかで、ほとんどが愛知など県外から入学する学生で占められていた。そうした中で片山氏は志太中当時からサッカー部で活躍した実績を持ち、静高蹴球部では珍しい静岡県人だった。

片山氏は「志太中時代はグラウンドが草だらけで、孟宗竹をゴールポストに見立てて練習したが、静高に入ってからは設備がよく、環境に恵まれていた。それだけに部員の実力も他校に比べてぐんぐん上がっていったように思う」と話している。

しかし、部の歩みについては、蹴球部出身者に県内在住者も少なく、また二度の大火で資料が焼失するなどしたため、残念ながらあまり詳しい資料が残っていない。

第六章　ベルリン五輪　静岡県出身者が六人も

文武両道の名選手そろう

陸軍の青年将校らが国家改造を目指して二・二六事件を起こした昭和十一年、ドイツではベルリン五輪が開かれた。ヒトラー率いるナチスドイツが「民族の祭典」と銘打って華々しく演出したこの大会に、日本のサッカー代表選手として静岡県から六人が選ばれた。松永行（志太中卒）、笹野積次（同）、佐野理平（静岡中卒）、加茂健・正五兄弟（浜松一中卒）、堀江忠男（同）の各氏がその六人で、日本チームは彼らの大活躍で優勝候補の一角、スウェーデンを破る殊勲を立てる。これまで各校蹴球部の足跡をたどる中で、六人の実績は明らかだが、五輪での試合ぶりを語る前にあらためて彼らのプロフィルに触れてみたい。

松永氏は焼津市元助役の松永一雄氏の弟で、静岡県サッカー協会第五代理事長だった松永弘道氏の叔父に当たる。志太中三年生当時からレギュラーとなり、最初はハーフ、後にはCFとなり、主将も務めた。昭和六、七年と東京文理大主催の全国中等学校大会で志太中を優勝、準優勝に導くのにも大きな役割を果たした。

かつての仲間や周囲の人たちの話を総合すると、松永氏が素質に恵まれた一流選手であったことが分かる。志太中卒業後に東京文理大に進み、ここでも黄金時代をつくる一員となる。

ベルリン五輪に出場した静岡県出身の6選手。前列右から笹野、加茂健（兄）、堀江、後列右から加茂正五（弟）、佐野、松永の各氏（当時の新聞から、松永一雄氏提供）

同大卒業後、見習士官として参戦した松永氏は数々の戦歴を残して激戦地ガダルカナルに散った。

志太中の部長で戦線では松永氏の上官でもあった小宮山宏氏（元川根高校長）は「協調性があり、指導力も抜群で、すべてを完備した珍しい選手だった。私は召集解除になった後、松永に中隊長を譲ってきたので、なんだか身代わりに死なせたような気がして…」と名選手を回想した。

笹野氏は松永氏の一年先輩で松永氏同様に志太中の主将となり、技量、根性を兼ね備えた選手として鳴らした。笹野氏は「早大ではすぐレギュラーになった。当時の大学サッカーリーグの早慶戦の人気はすさまじく、大観衆で埋まった」という。藤枝に戻った笹野氏は超OBの藤枝FCの会長を務めるなどした。

静岡中、早大を通じて名GKとして聞こえたのが佐野氏。早大では約二年間補欠でベンチを温めたが、レギュラーになってからは体を張った守備を身上とし、大学リーグでの優勝も体験する。ベルリン五輪での佐野氏の名キーパーぶりは、後々まで語り草の一つになったほどだ。

早大教授となった堀江氏と加茂健、正五氏兄弟の三人は、昭和六年から九年にかけての浜松一中卒業生。堀江氏は早大を出て朝日新聞社に入ったばかりの二十三歳、加茂兄弟は早大理工学部の電気科と機械科に籍を置く二十二歳と二十歳の学生だった。この三人も文武両道に秀でていて、学業も素晴らしくできがよかったという。

父が浜高工の英語教授だった堀江氏は浜一中在学中から英語の指導書に親しんだ理論家。ベルリンで眼鏡をかけたゲーム写真が残っているのも堀江氏らしい。眼鏡の秀才が頭脳的かつおとなしくボールを蹴っていたのかというと、これが大違い。鬼のシゴキを受けた後輩の一人である平野静雄氏は「あの人がチェックに向かうとボールを置いて逃げる選手がいた」と〝証言〟するほど怖がられたバックだった。

加茂兄弟は兄の健氏がＬＩ（左インナー）、弟の正五氏がＬＷだった。「兄の方は頭脳的、弟は天才肌のプレーヤーだった」とは平野氏。ともに足と頭に加えてもう一つ、〝指先〟の才を持っていた。

堀江氏がベルリンから帰って書いた文章の中に「当地のスポーツ紙が加茂兄弟のプレーをほめているのを見て、私は付属小（浜松師範）の学芸会で大きなフリューゲル（グランドピアノのドイツ語）の前に二人チョコンと座って連弾した姿を思い出した」という一節がある。健氏は浜一中卒業の際に芸大への進学を本気で考えたほどの腕前で、退職後の余裕の中で何十年ぶりかで本格的にピアノに向かう姿が見られたという。

弟の正五氏はエンジニアの道、それも大物づくりに才能を発揮し、三菱重工で造船所長などを歴任した。昭和五十二年九月にキング・ペレを迎えた国立競技場でエキシビションゲームに出場、ユニホーム姿で亡くなったことが関係者には忘れられない。

0－2から後半に大逆転

さてベルリン五輪サッカーのスウェーデン戦だが、「世界の桧舞台で日本のサッカーがどこまで通用するのか」と誰もが想像を巡らした。当時は国際交流もほとんどなかっただけに、日本の力は未知数だった。それが一回戦で優勝候補の一つに挙げられていたスウェーデンと対戦し、見事な大逆転を演じたのである。

対スウェーデン戦は昭和十一年八月四日午後五時半（日本時間五日午前一時半）からベルタ・グラウンドで行われた。日本の先発メンバーはFW加茂健（浜松一中―早大）、加茂正五（同）、川本泰三（市岡中―早大）、右近徳太郎（神戸一中―慶大卒）、松永行（志太中―東京文理大）、HB金容植（晋成専―全京城）、種田孝一（水戸高―東京大）、立原元夫（早大）、FB竹内悌三（浦和高―早大）、堀江忠男（浜松一中―早大）、GK佐野理平（静岡中―早大）の各氏で、早大勢が主体だった。

日本はトスに勝って前半、風上に立った。スウェーデンは巧みなロングパスで日本ゴールを強襲したが、GK佐野が必死にこれを防いだ。しかし23分、中央左から出たパスをペルソンがロングシュートして先制、36分にもヨナソンのクリーンシュートが決まって0－2とリードされた。

後半に入ると、日本は懸命の追撃に出た。まず立ち上がり4分、加茂兄、加茂弟、右近とつないだパスを川本が決めて1点を返し、17分には敵のバックミスに乗じて加茂弟―川本と

この快技
勝つた我が蹴球團
（ゴールキーパー佐野）

我蹴球の快勝に
満場湧き立つ
全く豫想外の成績

瑞典を破つた
我が試合上手
蹴球戦経過

一回戦の勝利を写真入りで報道した当時の新聞紙面（松永一雄氏提供）

渡ったパスを右近が蹴り込んで同点に追いついた。

このあたりから日本に疲れが目立ち、スウェーデンの猛攻に遭ったが、GK佐野が再三のファインプレーを披露してゴールを死守した。日本のこの粘りはタイムアップ寸前に見事に実を結ぶ。40分、中央からドリブルで持

ち込んだ松永が相手バックスを左にかわしてプッシュ、ついに決勝点を挙げる。

下馬評にも上らなかった日本が優勝候補の一角を崩したのだから、これは大変なニュースになった。当時の新聞紙面は通信社電に「我蹴球の快勝に満場湧き立つ　全く予想外の成績」との三段見出しとGK佐野のジャンピングキャッチシーンの大きな写真をつけ、おおむね次のように報じている。「日本蹴球軍勝つ！　これは全く大きなセンセイションであった。この日球場に集まった観衆は約二千。誰も日本軍の快勝を予想したものはなかった。紺のジャージに白のパンツで身を固めた短躯《く》の日本軍はわずかに敵の猛襲を支えている有様で、ドイツ人観衆の大部分は劣勢の〝日本軍応援団〟に化した観があった。後半に移るやたちまち3点を獲得、ついに1点のリードで押し切ってしまったのであるから観衆の騒ぎは大したものであった。この苦戦後の快勝に感じやすい若い選手らが戦い終わって思わずグラウンド上でうれし涙にかきくれる時、たちまち観衆はグラウンドに降り立ちわが選手団を取り巻いた」。

この試合の印象をGKだった佐野氏は「シュートは相当多かった。手ごたえとしては相手の力が一枚上だった。スウェーデンは同点になってあわてたのではないか」と語る。途中交代で出場した笹野氏は「日本はFW五人、HB三人、FB二人のシステムだったが、スウェーデンはもう3バックの布陣だった。相手はこの違いに戸惑ったのではなかろうか。北欧選手権の優勝チームに勝ったのだからそれはうれしかった」と回想する。

さらに当時の新聞を見ると、この大活躍に松永氏や笹野氏らの家族が狂喜している様子を写真と談話入りで大きく載せている。「六人のサムライ」を送り込んだ静岡県としては鼻高々であったに違いない。

ベルリンっ子をあっと言わせた日本チームは意気込みも荒く二回戦に進んだが、相手のイタリアは想像以上の強敵で、前半0－2、後半0－6の大差で敗れた。そして世界の四強に数えられたイタリアはこの五輪に優勝する。イタリア戦の敗因は「体力の差異のみ」と報じられているが、イタリアの厳しいチェックに攻撃力を封じられて実力の半分も出せなかったのも確かだ。

第七章　戦後の新たな芽吹き

1　浜松二中・浜松西高　五年計画で国体へ

ゴールポストとスパイクが悲願

戦前の静岡県西部中学サッカー界に君臨してきた浜松一中に対抗するように、終戦翌年の昭和二十一年、浜松二中に蹴球部が誕生する。生みの親は、かつて浜松一中サッカー部員だった山本二郎氏（元興誠高校長）。二十年十二月、同校に社会科教諭として赴任してきた山本氏は「校風を刷新し、士気高揚を図ろう」と、早速サッカー部員を募集した。

すると三十四人の部員が集まり、二十一年一月二十六日に浜松二中蹴球部が産声をあげた。初練習は四日後の三十日。ゴールはなく、テントの棒に縄を張って代用。部員のいでたちもスパイクをはいている者は皆無で、軍靴やゴム靴、中には素足姿もあった。「とにかく物資不足の世の中。普段は靴さえ満足にはかなかったのだから、スパイクなんてとても手に入らなかった。はだしで革のボールを蹴るのだから、爪ははがれ常に血がにじんでいた」と中井和恵氏は当時を思い起こす。そして「そのうえ、グラウンドは石ころがゴロゴロというありさま。練習の苦しさより足の痛さのほうが強烈に記憶に残っている」と続けた。

創設者の山本氏は「小銃の標的柱をゴール代用とし、ポジションを各人に教えて回った。とても正気の沙汰とは思われない。ある者は地下足袋で、ある者は草履でそしてある者は素足で、文字通りシャモの蹴りあいの格好。ゴールが欲しい、ゴールができたら」と部創立三十周年記念誌に記している。ゴールポストとスパイク、この二つが部員たちと山本氏の悲願だった。

ボールを蹴り始めてから約十カ月後、念願のゴールポストが建設される。「ポストの材料が手に入るようになり、ヒノキの角材を大八車で運んだ。途中、溝に落ちたりしたが恥も外聞もなく、誰もが皆うれしかった」と小倉正久氏は話す。この年の十一月二十日、ゴールポスト完成を記念して初の対外試合を行った。相手は浜松一中。当時の同校は志太中、静岡中と並ぶ県内の最高峰チーム。発足間もない浜二中にしてみれば、雲の上の存在だった。結果は0－3で敗れたが、大いに善戦したといえる。

浜二中蹴球部の歴史に記念すべき足跡を残したメンバーは、GK森秀明（三年）、FB岡本忠雄（四年）、入野直光、HB伊藤兵庫、小倉正久、鈴木弥寿雄、FW富田文夫、伊藤修

（以上三年）、小林正己（四年）、新田貞夫（三年）、金原（名は不詳、四年）の各氏だった。

初の対外試合から三日後、今度は浜松工専西寮グラウンドで開かれた近県中等学校大会に参加、強豪甲府中と対戦した。試合開始のホイッスルからわずか30秒後、主将の小林氏が初のゴールをたたき込む。ところが幸先の良いスタートと思ったのもつかの間、たちまち逆襲にあって同点、その後も押しまくられて1－7の大敗だった。

この二試合を皮切りに浜二中は新興チームの悲哀を味わい、負けが続く。しかし、部員たちは「打倒浜一中」を目標に、山本氏と二十二年に着任した児玉二郎氏（元浜松北高校長）の〝二郎コンビ〟のシゴキに耐えた。山本氏が全体に睨みをきかし、児玉氏は選手と走り回りながら技術を教えた。二人の厳しい練習には定評があった。特に山本氏は部員に恐れられた。「みんなで〝土佐犬〟とあだ名をつけたが、シゴキ方には迫力があった」と松本恒夫氏は語る。

浜二中は浜松二高を経て昭和二十四年、浜松西高となる。この年の五月二十三日は新制浜松西高にとって忘れられない日といえるだろう。三遠大会の決勝で、2－1で浜松北高（旧浜松一中）を倒し、「打倒一」の目標を達成したのである。

そして二十五年、ライバルに勝って国体に初出場する。部誕生から五年目。チームを初め

昭和25年、国体初出場のメンバー。後列右端が山本二郎氏、前列左端が児玉二郎氏

て率いた時、山本氏がうたったのが「五年計画、100連敗」。すなわち「五年目に最高のチームをつくる。それまでは、負け続けてもいいんだ」（山本氏）との考え。五年目を迎えた時、山本氏は「今年が最後の年。今年を逃せば二度とチャンスはない、と心に決めていた。以心伝心、子供たちもよく分かっていた」という。

県予選決勝で浜松北を下し、中部ブロック予選で韮崎、松本県ケ丘を連破して初の国体出場。本番では修道（広島）に敗れたものの0－1と大健闘、立派な初陣だった。この試合の先発メンバーはGK牧野剛（三年）、FB岩城譲司（同）、広瀬仁（二年）、HB中井教介（同）、高村修、内山英雄、

ＦＷ渡辺幹一、伊藤俊介、脇本善男、大石勝美（以上三年）、杉本静（二年）の各氏。その後、国体やインターハイなど、全国の桧舞台で活躍するチャンスにはなかなか恵まれない。だが、卒業生たちはサッカーへの情熱を失わず、普及面で目覚ましい貢献ぶりを見せる。三十二年卒の美和利幸氏は浜名高を率いる名監督となり、中井和恵氏を長兄とする中井五兄弟はいずれも少年団のリーダーとして活躍する。「西部地区の少年団指導者の半分以上が西高出身者。各学校のサッカー部の先生をみても西高ＯＢがずらりと並んだ」という松本氏の言葉は決して誇張ではなかった。

2　静岡県蹴球協会　発足は昭和十三年

戦中の停滞を一気に取り戻す

静岡県サッカーの歴史をみるときに、各校蹴球部の活躍とは別に県蹴球協会の歩みをたどることも欠かせない。県内の中等学校には大正十二年以降、次々と蹴球部が誕生し、サッカー人口の底辺は次第に広がっていった。同十四年には浜松高工主催の近県中等学校蹴球大会が開始された。それまでは、旧制静岡高主催の県下中等学校蹴球大会しかなかっただけに、浜松高工主催の大会が加わったことで各校サッカー部員は大いに刺激を受けたことはいうまでもない。

昭和に入って県内のスポーツ界は隆盛をきわめたことから、同四年に県体育協会が発足した。当時、蹴球協会はまだ結成されていなかった。しかし、静岡高主催の県下中等学校蹴球大会には体協も共催という形で関わり、各校サッカー部員はこの大会を当面の目標とした。それが同三年、志太中が愛知県の刈谷蹴球団主催の東海近県中等学校蹴球大会で念願の初タイトルを手中に収めたり、六年の東京文理大主催の大会で準優勝したことで少しずつ蹴球協会創立の機運が表れ始めた。そして、十一年のベルリン五輪に静岡県出身者六人が選ばれるとムードは一気に高まった。

その後、昭和十三年春に旧制静岡高から岩野次郎氏が県体育運動主事として着任するや、岩野氏の肝いりで同年八月に県蹴球協会が発足し、初代会長に平野社団役員の平野八郎氏が就任した。平野氏は静岡銀行の頭取を務めた平野繁太郎氏の弟で、浜松地区のサッカー幕開けに貢献したことは前に紹介した通りだ。そのほか杉江悟一、小花不二夫氏らも役員として加わった。この後、旧制静岡高、体協共催の県下中等学校蹴球大会は県蹴球協会主催へと発展的解消をするのである。初代会長になった平野氏は「私もサッカーが好きで、静岡県のサッカー普及に役立ち、県内を一つにまとめるためならーというわけで会長の役を引き受けた。他の役員が協力的だったので、大いに助かりました」と話している。

ところが、そのころになると日中戦争の拡大とともに国会には「国家総動員法」が上程される。このため、同十五年に東京で開催予定の第十二回五輪大会や札幌で開催することになっていた第五回冬季五輪は閣議で中止を決定せざるを得なくなり、輝かしい成績を収めたベルリン五輪を最後に真の国際的な競技会は休止を告げた。

また、明治神宮大会の全国大会も中止となり、神宮大会は「明治神宮国民錬成大会」と名称が変更された。さらにサッカー、野球、ラグビーなどの競技は〝敵性スポーツ〟の名のもとに禁止され、これに代わって柔道、剣道などのいわゆる〝国防競技〟が幅をきかせる。こうした世情を反映して、発足したばかりの県蹴球協会は存続したものの、目立った活動ができなかった。

やがて終戦とともに蹴球協会も内容を一段と充実させ、サッカーの普及を促進するために組織化が進められた。同二十五年に平野会長が辞任し、当時の増田茂静岡市長が第二代会長に就任、杉江氏が理事長という新体制になった。常任理事も十数人を数え、サッカー普及振興計画には自然と拍車が掛かり、県の東、中、西部に続々と実業団チーム、中学チームが誕生していった。

特に松永信夫氏を中心とする清水地区、匂坂明正氏が柱となった沼津地区は、これを契機に大いにサッカー熱が盛り上がった。戦前はあまり振るわなかった地域だけに、特に注目される動きだったといえる。清水地区からはその後、〃黄金の足〃の異名を持つ杉山隆一氏が世界の桧舞台へと跳び出す。

サッカー静岡事始め　静岡師範、浜松師範 志太中、静岡中、浜松一中…

静新新書　001

2006年4月27日初版発行
2006年8月4日初版2刷発行

著　者／静岡新聞社
発行者／松井　純
発行所／静岡新聞社
〒422-8033　静岡市駿河区登呂3-1-1
電話　054-284-1666

印刷・製本　図書印刷

・定価はカバーに表示してあります
・落丁本、乱丁本はお取替えいたします

ISBN4-7838-0323-4 C1275

静岡新聞社の本

好評既刊

今は昔 しずおか懐かし鉄道

静新新書002 静岡新聞社編 860円

人が客車を押した人車鉄道で始まる鉄道史を廃止路線でたどる

静岡県 名字の由来

静新新書003 渡邉三義著

あなたの名字の由来や分布がよく分かる五十音別の辞典方式

しずおかプロ野球人物誌

60高校のサムライたち

静新新書004 静岡新聞社編

名門校が生んだプロ野球選手の足跡

しずおか 大人もはまる社会見学

静岡新聞社編 1300円

工場や職人の工房見学、ナースや芸者体験など得する159施設を紹介

徹底ガイド 静岡県の高齢者施設

静岡新聞社編 2390円

特養老人ホームやケアハウス、グループホームなど四百施設を詳しく紹介

しずおか花の名所200

静岡新聞社編 1600円

名所も穴場も、花の見どころ二百カ所を案内。四季の花巡りガイド決定版

静岡県日帰りハイキング50選

静岡新聞社編 1490円

伊豆半島から湖西連峰まで五十のコースを詳細なルートマップ付きで紹介

しずおか温泉自慢 かけ流しの湯

静岡新聞社編 1680円

循環・ろ過なしの「かけ流しの湯」を楽しめる良質な温泉を厳選ガイド

（価格は税込）